Zum Autor

Dr. sc. jur. Gerwin Udke
Jahrgang 1939.

Studium der Rechtswissenschaft,
1962 – 1991 wiss. Assistent, Hochschuldozent an der Juristischen Fakultät der Humboldt-Universität zu Berlin.
Seit 1991 Rechtsberater/Prozessvertreter im Sozialrecht/ Publizist.

Veröffentlichungen nach 1990 u.a.:
G. U., Rechtstheorie im Umbruch, C.H. Beck`sche Verlagsbuchhandlung, München 1991;
G. U., Hrsg., Schreib so oft Du kannst, Feldpostbriefe, REIHE ZEITGUT, JKL Publikationen, Berlin 2002.

bg@udke.de

Gerwin Udke

Dableiben
Weggehen
Wiederkommen

Abwanderung aus Ostdeutschland
- 1945 bis heute -
Motive, Hintergründe, Folgen, Auswege

dem "Computer-Meister" Klaus Steglich mit bestem Dank für die professionelle Mitwirkung, mit freundlichem Gruß!

Gerwin Udke
Februar 2008

Gerwin Udke
Dableiben – Weggehen – Wiederkommen
Abwanderung aus Ostdeutschland - 1945 bis heute -
Motive, Hintergründe, Folgen, Auswege

ISBN 10: 3-86611-391-9
ISBN 13: 978-3-86611-391-6

© 2008. EDITION SAPIENTIA - Wissenschaftliche Reihe im *pro literatur Verlag*.
Verlag, Herstellung und Vertrieb: *pro literatur Verlag*, Mering.

www.edition-sapientia.de

Alle Rechte beim Autor/Herausgeber. Kopie, Abdruck und Vervielfältigung sind ausschließlich mit schriftlicher Genehmigung des Autors/Herausgebers gestattet. Kein Teil dieses Werkes darf in irgendeiner Form ohne schriftliche Genehmigung verändert, reproduziert, bearbeitet oder aufgeführt werden.

Für kritische Anmerkungen zur ersten Kurzfassung zu diesem Thema unter dem Titel „Bleiben oder gehen?" Berlin 2006, und die vielfältigen Anregungen zu grundsätzlicher Ergänzung möchte ich allen
danken, die sich geäußert haben.

                                                    Gerwin Udke

Inhaltsverzeichnis

Vorbemerkung 9

1. Flucht, Vertreibung, Wanderung – Migration 11
2. Gesellschaftliche Umbrüche und Abwanderung in Europa 15
3. Deutsch – deutsche Migration 26
4. 1945 bis 1990 – mehr als 4 ½ Millionen 30
   - 4.1. Aus der Sowjetischen Besatzungszone (1945 – 1949) 33
   - 4.2. Bis zum Mauerbau (1949 – 1961) 34
   - 4.3. Einerseits Stabilisierung, andererseits weitere Abwanderung (1961 – 1989) 54
5. Gewinne für den Westen 70
6. „Wir sind e i n Volk!" 77
7. Ehemalige „Republikflüchtlinge" – selten gern gesehen 95
8. Suche nach Alternativen 101
9. 1990 bis heute: Die Abwanderung geht weiter – in neuen Dimensionen 113
10. Rückkehr fördern! 136
11. EU-Osterweiterung und Migration 145

Fazit 149

Literatur (ausgewählte Veröffentlichungen zum Thema) 155

Vorbemerkung

„Deutsch-deutsche Migration" – das ist mehr als nur ein nebensächliches Teilproblem in der Fülle der weltweiten Wanderungsprozesse im Zeitalter der Globalisierung.

„Nichts wie weg!" All zu oft hört man diesen Satz, wenn Jugendliche in Ostdeutschland über ihre Zukunft nachdenken. Ein verhängnisvoller Satz, in dem – wie in einem Brennglas – die Probleme kulminieren, die viele Menschen in den Städten und Dörfern heute in den sog. neuen Bundesländern bewegen.
Auf die Frage: *„War denn das früher auch schon so?"* kommen die Älteren nicht umhin darauf zu verweisen, dass auch schon in den Jahrzehnten zuvor – aus der sowjetischen Besatzungszone und dann aus der DDR – Hunderttausende in den Westen gegangen sind. „Republikflucht" hieß das damals. Und die Hunderttausenden, die 1989/1990 nach Westdeutschland strömten, haben das Ende des Staates DDR und des Realsozialismus in Europa eingeleitet.

Anliegen dieser Ausarbeitung ist es, geschichtliche Zusammenhänge, Hintergründe und Motive sowie vor allem die aktuelle Brisanz dieser *„deutsch-deutschen Migration"* zu verdeutlichen. Ergeben sich doch aus den historischen Abläufen wichtige Erkenntnisse, die beim weiteren Weg im wieder vereinigten Deutschland sowie bei der EU-Erweiterung beachtet werden müssen. Für die Zukunft Ostdeutschlands ist es entscheidend, wie es gelingt, weitere Abwanderung junger, qualifizierter Menschen zu stoppen und die *Rückkehr*, das Wiederkommen Abgewanderter sowie generell *Zuwanderung* zu organisieren.

Januar 2008   *Gerwin Udke*

1. Flucht, Vertreibung, Wanderung – Migration

Migration – das ist sowohl aus historischer als auch aus aktueller europäischer Sicht ein vielschichtiges, brisantes, ja heikles Thema. Wenn irgendwo von *Einwanderung* und *Einwanderern* die Rede ist, spitzen fast alle gleich die Ohren.
Solange Menschen, die in eine andere Region, in ein anderes Land einwandern, sich problemlos anpassen, in die neue Lebenssphäre einordnen, integrieren, Nutzen bringen, geht alles seinen gewohnten Gang. Sobald aber Unstimmigkeiten und Schwierigkeiten auftreten, sobald es Konflikte und Ärger mit Zugewanderten gibt, verbreiten sich Unmut und Abwehr.

Vertreibung, Flucht, Ab- und Zuwanderung – das sind oftmals regelrechte Horrorworte. Die rasant wachsende Migration in Folge der aktuellen Globalisierungsprozesse hat einen Schock ausgelöst. Es ist von „Invasion", „Überschwemmung" und Überfremdung die Rede.
Für weite Bereiche von Wirtschaft, Politik und Wissenschaft sind neue Problemstellungen aufgeworfen, die einen Paradigmenwechsel im Herangehen, für das Formulieren neuer Fragestellungen und für die Suche nach angemessenen Lösungen erfordern. Auch in den meisten Ländern Europas hat sich in den letzten Jahren die Diskussion über *Migration* dramatisch zugespitzt. Es werden neue Ängste geschürt mit dem Aufbauschen von Bedrohungsszenarien dahingehend, dass durch Einwanderung Terrorismus nach Europa getragen würde.

Dabei sind heutzutage kulturelle Vielfalt, Arbeitswanderungen und Durchmischung verschiedener Bevölkerungsgruppen für viele Regionen und Länder unverzichtbar und bereits alltägliche Praxis. Das Zeitalter der Globalisierung ist zwangsläufig wesentlich auch Zeitalter länder- und kontinente-übergreifender Migrationsbewegungen. Diese global rasant voranschreitenden Prozesse bedingen zunehmende Mobilität und Wanderung großer Menschengruppen in alle Himmelsrichtungen. Sie bringen unausweichlich auch weitere kontinente-übergreifende Wanderungsbewegungen und das Wachsen kultureller Vielfalt mit sich. Zunehmende Migration auch auf viele Länder Europas bezogen – das ist nicht zuerst Bedrohung oder Gefahr. Das sind vor allem neue Chancen, die sich für viele durch die historischen Abläufe bisher benachteiligte Bevölkerungsgruppen und Völker eröffnen. Und das sind eben auch neue Chancen für das sogenannte „alte Europa" in einer globalisierten Welt. Es ist bestimmt nicht übertrieben zu sagen: Die Zukunft dieses „alten Europa" hängt weitgehend davon ab, wie die aktuellen Migrationsprozesse beherrschbar gemacht werden.

Migration heute – das ist *zum einen*: Flucht vor Armut, Gewalt und Krieg. Und das ist *zum anderen*: Abwerbung und Abwanderung arbeitswilliger und arbeitsfähiger junger Menschen aus den Schwellenländern und der „Dritten Welt" in die USA und nach Europa. Darunter vor allem auch sogenannter Hochqualifizierter, also Teile der dort heranwachsenden intellektuellen Eliten. Das ist also *Zuwanderung*, d.h. Zuwachs von Arbeitspotential, von Neu- und Andersdenken, von Kreativität. Von Menschen in die von den negativen Folgen des sich unerbittlich vollziehenden demografischen Wandels besonders betroffenen entwickelten Ländern der sogenannten westlichen Welt.

Es geht also darum, in der globalisierten Welt zielgerichtet die *Chancen* besser zu nutzen, die sich durch die modernen weltweiten Migrationsprozesse eröffnen. Das sind Chancen, die es ermöglichen, die bereits klar abzusehenden negativen Folgen aus dem weiteren Rückgang der Bevölkerung in den technologisch entwickelten Ländern des Westens einigermaßen zu begrenzen. Oder, deutlicher gesagt: Die Länder und Völker der heute technologisch hoch entwickelten westlichen Welt werden in den kommenden Jahrzehnten nur dann ein gewichtiges Wort mitreden können, wenn es gelingt, die Möglichkeiten, die die weltweiten Migrationsprozesse eröffnen, effektiv zur Wirkung zu bringen. Davon sind heute die Mächtigen dieser Welt, diejenigen, die aktuell die Politik, die Wirtschaft und Technikentwicklung der Welt beherrschen, meilenweit entfernt.

Rund um den Globus sind nach UN-Angaben rund 200 Millionen Menschen weltweit unterwegs, leben derzeit bereits in einem anderen Land als dem ihrer Väter und Mütter. Fast alle Länder der Welt sind inzwischen zugleich Aufnahme-, „Abgabe"/Entsende- oder Transitländer. 60 Prozent der Migranten suchen in entwickelten Ländern nach einem besseren Leben, leben in den reicheren Teilen der Welt. Nach Schätzungen leben allein in Deutschland zwischen 500.000 und 1 Million legale bzw. illegale Einwanderer. Wirklich gesicherte Zahlen gibt es nicht. In allen Ländern der westlichen Welt haben bereits heute statistisch beachtliche Teile der Bevölkerung einen – wie es heißt – „Migrationsintergrund". Migranten aus den ärmsten Regionen der Welt, die in reichen Ländern Arbeit gefunden haben, transferieren Geld an die Angehörigen in ihren Heimatländern.

Das die ganze Welt bewegende Hauptproblem der aktuellen und der künftigen Migrationsprozesse stellt in diesem Zusammenhang die durch die verheerende Armut in Folge von Kolonialisierung und Kriegen ausgelöste weltweite Völkerwanderung *von Süd nach Nord*, der – wie gesagt wird – „Ansturm der Dritten Welt", der „afrikanische Marsch nach Europa" dar.

In der globalisierten Welt bedrohen die historisch gewachsenen *nicht bewältigten* Migrationsprobleme die Stabilität in den Beziehungen der Länder und Völker zueinander. Hunderttausende sind in vielen Regionen der Welt auf der Flucht vor Hunger, Ausbeutung, Krieg, Gewalt, Terror und Tod. Andererseits werden Schreckensmeldungen wie: „Die Barbaren kommen" als Anlass bzw. Vorwand benutzt, um die „zivilisierte Welt", um z.B. Nord- von Südamerika bzw. Europa von Afrika noch „sicherer abzuschotten", „Auffanglager" (!) zu bauen und unüberwindliche Grenzen für die unerwünschten Zuwanderer aufzurichten.

Dabei können Unterentwicklung in Folge der Kolonialisierung, Überbevölkerung, Korruption, Gewaltexzesse und kriegerische Auseinandersetzungen allein auf dem Wege des Aufeinander-Zugehens und der Integration der bislang ausgebeuteten und allseits benachteiligten Länder und Völker in die technologische und sozial-kulturelle Entwicklung des Nordens bzw. Westens schrittweise abgebaut werden.

Nicht mit Asylrechtsverschärfung, militärischer Besetzung, Diktat und erneuter Kolonialisierung sondern einzig und allein auf dem Wege eines ehrlichen Dialogs und solidarischer Hilfe könnten die immer wieder aufbrechenden Gewaltkonflikte in den Grenzbereichen und Bruchzonen zwischen Nord und Süd, vor allem im Nahen Osten, schließlich beherrschbar gemacht werden. Es geht um den Aufbau ehrlicher Partnerschaft, um Hilfe und Unterstützung für die Entwicklungs- und Schwellenländer bei deren Befähigung zu eigenständigem Vorankommen. Nur auf diesem Wege könnten schrittweise auch die Ursachen für die anhaltende und weiter zunehmende Flucht Hunderttausender aus ihrer Heimat in den sogenannten Entwicklungsländern, aus Mauretanien, Sudan, Niger, Mali und anderen Ländern Schwarzafrikas über Marokko, Algerien, Libyen und Tunesien nach Europa ausgeräumt werden. Es muss ganz klar gesagt werden:
Immer höhere und besser bewachte Grenzzäune sowie „Auffanglager" an den Küsten Nordafrikas, um diejenigen aufzuhalten, die sich auf den Weg nach Europa aufgemacht haben, sind dafür untaugliche Mittel.

Es bedarf einer wohlüberlegten, strategisch auf einander abgestimmten Einwanderungs- und Eingliederungspolitik der europäischen Länder und der EU, um die soziale Ausgrenzung der Immigranten, deren Kinder und Kindeskinder in den sog. „Aufnahmeländern" abzubauen. Nur auf diese Weise kann letztlich die Eskalation von Gewaltaktionen und Terroranschlägen vermieden werden, mit denen die Benachteiligten und Ausgegrenzten dieser Welt aus ihrer Ohnmacht und aus den ihnen zugewiesenen Ghettos ausbrechen wollen. Es müssen die *Ursachen ausgeräumt werden*, die die Benachteiligten und die von der westlichen Welt beherrschten Völker in der Kampflosung zum Ausdruck bringen: *Terrorismus* – das ist lediglich das Aufbegehren, der Krieg der Armen und Entrechteten dieser Welt gegen die Reichen und Mächtigen dieser Welt, das ist nur die *Antwort auf den Krieg, auf den Terror der Reichen gegen die Armen!*

Eine moderne Einwanderungs- und Integrationspolitik muss auch endlich offiziell die Konsequenzen aus der seit den neunzehnhundertsechziger Jahren anhaltenden Migration hunderttausender Hochqualifizierter aus den sog. Entwicklungsländern nicht nur in die USA sondern auch nach Westeuropa ziehen. Auch die Bundesrepublik ist heute gezwungen, wenn sie nicht noch weiter im internationalen technologisch-ökonomischen Wettstreit zurückbleiben will, um die bestausgebildeten Köpfe der Welt zu konkurrieren. Ist doch bereits heute abzusehen, dass die globalen Arbeitsmärkte vor einer regelrechten Durchdringung durch Millionen „billiger" Arbeitskräfte aus Asien und Lateinamerika stehen. Zur Bewältigung dieser abzusehenden Prozesse sind Strategien erforderlich, die die Würde, die Interessen und die Rechte der Zuwanderer wahren, ihnen eine Perspektive geben. Strategien, deren Umsetzung staatlich abgesichert werden muss. Dabei geht es um bedeutend mehr als solche vordergründigen Politiker-Aussagen, wie: „Deutschland *ist* ein Integrationsland. ..."

Bisher bleibt die Zuwanderung ausländischer Fachkräfte nach Deutschland weitgehend dem Zufall bzw. der Eigeninitiative überlassen. Deutsche Unternehmen beklagen nicht nur, dass viele Ingenieure und andere Intellektuelle aus Deutschland in die USA oder in andere Länder abwandern. Sie klagen auch darüber, dass Fachkräfte aus Indien und China in der Mehrzahl nach einem Studium in Deutschland eben nicht in der Bundesrepublik bleiben, sondern zum Beispiel in die USA oder nach Kanada abwandern. Auch hierzulande wird immer lauter propagiert, die Abwanderung vieler Qualifizierter aus Deutschland in andere hochentwickelte Ländern aus Frust über fehlende Aufstiegsmöglichkeiten und soziale Verschlechterun-

gen hier durch die Anwerbung Hochqualifizierter aus der „Dritten Welt" auszugleichen.
In den hochentwickelten Ländern des Westen werden *Vorteile* aus der Zuwanderung qualifizierter Fachkräfte aus Asien, dem pazifischen Raum, aus Afrika und eben auch zunehmend aus Osteuropa mehr oder weniger offiziell und selbstverständlich bzw. eben klammheimlich ausgenutzt. Die verheerenden Folgen, die *Nachteile*, die sich für die sog. „Abgabeländer" durch dieses intellektuelle Ausbluten dort ergeben, werden heruntergespielt, übergangen bzw. schlichtweg ignoriert.

Im Zeitalter der Globalisierung sind Migration und Integration immer komplexe, mehrseitige Prozesse. Sie müssen – wie bereits angedeutet – **als Chance** begriffen und zielgerichtet praktisch gestaltet werden. Als Chance für besseres gemeinsames Vorankommen, für das friedliche Zusammenrücken der Völker, für mehr kulturelle Vielfalt. Unumgänglich ist die *gemeinsame* Suche nach Lösungen für Afrika, die „Dritte Welt" und Europa aus *beider* Sicht. Diese gemeinsame Suche nach Lösungen ist nicht nur Voraussetzung für den Weg Afrikas, Süd-Ost-Asiens und der anderen Entwicklungs- und Schwellenländer in die moderne Welt. Genauso *braucht* Europa die eigenständige Entwicklung Afrikas und der gesamten Dritten Welt.
Die Zukunft Europas in Frieden, der weitere sozial-kulturelle und ökonomisch-technologische Fortschritt der westlichen Welt insgesamt, der Stopp der weltweiten Umwelt- und Klimakatastrophe setzen die Gewährleistung einer eigenständigen Perspektive der Dritten Welt voraus. Und das kann nur erreicht werden, wenn die Vorteile und Profite, die der Westen aus der brutalen Ausbeutung aller Ressourcen der Dritten Welt in den zurückliegenden Jahrzehnten gezogen hat und weiter Monat für Monat und Jahr für Jahr zieht, tatsächlich proportional zum erlangten Nutzen dorthin zurückgeführt werden. Und wenn diese Mittel dort eingesetzt werden, um das Lebensniveau der Bevölkerung grundlegend anzuheben.

2. Gesellschaftliche Umbrüche und Abwanderung in Europa

Mit dem Verweis auf das Ausmaß, die strategische Bedeutung, die Bedrohlichkeit und zugleich die damit verbundenen Chancen *dieser* Prozesse – der Völkerwanderung *von Süd nach Nord* – darf aber zugleich nicht überdeckt werden, welches Konfliktpotenzial die aktuellen *Ost-West*-Wanderungen in Teilen Europas im Zusammenhang mit den tiefgreifenden gesellschaftlichen Umbrüchen infolge des Untergangs des Realsozialismus in sich bergen. Mehr noch: Das Hauptproblem der aktuellen und künftigen Migrationsbewegungen – die sog. Völkerwanderung von Süd nach Nord – hat nach dem Ende des Zweiten Weltkrieges und den damit zusammenhängenden Umsiedlungen und Vertreibungen von Millionen Menschen völlig neue Dimensionen gerade dadurch erhalten, dass am Ende des zurückliegenden Jahrhunderts der **Realsozialismus** in der Sowjetunion und in Osteuropa untergegangen ist. Und ja damit im globalen Maßstab eben nicht mehr als Gegengewicht dem weltbeherrschenden Streben der modernen, technologisch und militärisch hochgerüsteten Monopolkapital-Gesellschaft unter Führung der USA entgegen steht.

Die Völker der verarmten, durch die Großkonzerne des Westens brutal ausgebeuteten Dritten Welt, die vordem zumindest mit der Solidarität und vielfältigen, oft selbstlosen Unterstützungsmaßnahmen durch die realsozialistischen Länder rechnen konnten, sind nun total den allein auf maximale Profite ausgerichteten Machenschaften weltweit agierender Monopole ausgeliefert. Erst in diesem Gesamtzusammenhang tritt das ganze Ausmaß der weltweit verheerend negativen Konsequenzen in Folge des Untergangs des Realsozialismus, des Wegfalls der Systemkonkurrenz zwischen Sozialismus und Kapital zu Tage. Diesbezüglich verbleibt gegenwärtig nur die Hoffnung, dass aus den Aufbruchsbestrebungen der Völker zum Beispiel in Lateinamerika *neue Ansätze* und Chancen für sozialistische Entwicklungen weltweit gewonnen werden können.
Die aktuellen Migrationsbewegungen *in Europa* sind dabei sowohl in ihrem Bezug zur Süd-Nord-Migration, also unter dem Aspekt der Gemeinsamkeiten als auch gerade hinsichtlich ihrer Besonderheiten genauer zu untersuchen.

Auch auf den Straßen Europas finden bekanntlich von Alters her bedeutsame Wanderungsbewegungen statt. Die Länder Europas, speziell auch im deutschen Raum, wurden und werden bis heute geprägt durch Zu- und Abwanderungen, vor allem zwischen Ost und West. Wanderungen größerer Bevölkerungsgruppen – aus welchen Motiven auch immer – standen immer im Zusammenhang mit historischen Veränderungen. Nach dem Scheitern der 1848-Revolution sind Hunderttausende, vor allem junge, intelligente Menschen aus Deutschland abgewandert. Sie haben gefehlt beim weiteren Weg zu nationalen bürgerlich-demokratischen Veränderungen auf deutschem Boden in der zweiten Hälfte des 19. Jahrhunderts.

Gewiss ist es ja auch deshalb dann zur Bismarckschen „Einigung *von oben*" gekommen.

Wanderungen haben aber auch oft als Stimulator gesellschaftlicher Vorwärtsbewegungen gewirkt. Besonders seit der 1871 erfolgten Reichsgründung war Deutschland auf die Einwanderung ausländischer Arbeitskräfte angewiesen. Der wirtschaftlich-technische Aufschwung in den folgenden Jahrzehnten wäre ohne diese Zuwanderungen nicht möglich gewesen. Zugleich wehrte sich der historisch spät von oben begründete deutsche Nationalstaat aber vehement gegen alles „Fremde" und „Ausländische".

In den zurückliegenden hundert Jahren war europäische Geschichte vor allem immer auch Chronologie von Flucht und Zwangsmigrationen, von Exil, Eroberung, Besetzung, Vertreibung, Aus- und Umsiedelung sowie Abwanderung großer Bevölkerungsgruppen. Das 20. Jahrhundert ist im europäischen Raum nicht ohne Grund als *„Jahrhundert der Vertreibungen"*, als *„Jahrhundert der Flüchtlinge"* in die Geschichte eingegangen. Zwischen 60 und 80 Millionen Menschen mussten allein in der ersten Hälfte des 20. Jahrhunderts ihre Heimat verlassen:

– Der Erste Weltkrieg, der Zerfall der Vielvölkerstaaten auf europäischem Boden, die Bildung neuer Nationalstaaten, die grundlegenden revolutionären Umbrüche, insbesondere die Oktoberrevolution 1917 in Russland und Bürgerkriege in verschiedenen Teilen Europas setzten nach 1918 massenhaft Zwangswanderungen in Gang. Große Teile der Bourgeoisie sowie Intellektuelle und Kulturschaffende aus dem Osten, vor allem aus Sowjetrussland und der Sowjetunion sind nach Westeuropa und Amerika gegangen.

– Das faschistische Regime in Deutschland trieb nach 1933 Hunderttausende – Juden, Andersdenkende, Pazifisten, Kommunisten und Sozialdemokraten – ins Exil. Deren Vertreibung, ihre Abwanderung, ihr Fehlen – das war ja auch einer der Gründe, weshalb es den Faschisten in den dreißiger Jahren des vorigen Jahrhunderts überhaupt nur gelingen konnte, *ein ganzes Volk zu Mitläufern und Tätern bei der Eroberung anderer Länder und Vernichtung anderer Völker* zu machen.

Im Zuge der europaweiten Kriegsvorbereitungen propagierten die Nazis dann die Losung: *„Heim ins Reich!"*

Der von den Faschisten angezettelte Zweite Weltkrieg ging einher mit Deportation, Vertreibung, Zwangsarbeit und Massenmord. Opfer des faschistischen Krieges sind sowohl die Millionen Toten aller Völker Europas, Erschossene, Gefallene und Ermordete, als auch die Millionen Flüchtlinge, Vertriebenen, Ausgesiedelten, Umgesiedelten und Abgewanderten.

– Als Folge der Eroberung und Besetzung weiter Teile Osteuropas durch die Hitler-Wehrmacht sind Millionen Menschen aus den besetzten Gebieten zur Zwangsarbeit nach Deutschland verschleppt worden. Und dann sind rund 14 Millionen aus den vormals deutschen Ostgebieten jenseits von Oder und Neiße sowie aus dem Sudetenland vertrieben, in die Sowjetische Besatzungszone (SBZ) und nach Westdeutschland umgesiedelt worden. Da wie dort - trotz aller nicht bewältigten Probleme im einzelnen – eine gewaltige Integrationsleistung.
Andererseits verloren ca. zwei Millionen Menschen bei Flucht und Vertreibung ihr Leben. Insgesamt wurden in dieser Zeit ca. 10 Prozent der europäischen Bevölkerung Opfer von Zwangswanderungen.
Und immer wieder streben auch heute noch unbelehrbare Revanchisten danach, Kräfte zu mobilisieren, die die in der Folge des von Deutschland ausgegangenen imperialistischen Krieges entstandenen historischen Fakten erneut in Frage stellen sollen.

– Nach dem Ende des Zweiten Weltkrieges, in dem dann einsetzenden Kalten Krieg zwischen den Systemen, zwischen den Blöcken Ost und West, sind weiter Hunderttausende aus dem einen Teil Deutschlands, der Sowjetischen Besatzungszone und später der Deutschen Demokratischen Republik (DDR) nach dem Westen, in die Westzonen und später die Bundesrepublik abgewandert, das heißt nach Westdeutschland zugewandert.

– 1955, nur zehn Jahre nach dem Ende des faschistischen Krieges, in dem ja unter anderem Millionen „Fremdarbeiter" aus allen Ländern Europas rabiat ausgebeutet worden waren, begann – parallel zur Zuwanderung aus Ostdeutschland – mit dem deutsch-italienischen Anwerbevertrag der staatlich geförderte Zustrom von ausländischen Arbeitskräften in die Bundesrepublik. Es folgten Verträge mit Spanien (1960), mit der Türkei (1961), mit Portugal, Griechenland, Marokko, Tunesien und 1968 mit Jugoslawien. Die DDR holte auf der Grundlage dazu abgeschlossener bilateraler Verträge Arbeitskräfte aus Ungarn, Polen, Algerien, Kuba, Mosambik und Vietnam nach Ostdeutschland. Damit sollten die Bevölkerungsverluste und der Arbeitskräftemangel auf Grund der Abwanderung Hunderttausender nach Westen ausgeglichen werden.

– Und dann, nach dem Zusammenbruch des Realsozialismus in der Sowjetunion, in der DDR und in den osteuropäischen Volksdemokratien nach 1989 haben in Europa Abwanderung und Aussiedelung vom Osten nach dem Westen nicht etwa ihr Ende gefunden. Nach dem administrativ vollzogenen Beitritt der DDR zur Bundesrepublik und besonders seit Mitte der neunziger Jahre finden wiederum Abwanderungsprozesse aus Ostdeutschland in völlig neuen Dimensionen statt. Arbeitswanderungen nach Westen, die erneut zur teilweisen Entvölkerung ganzer Landstriche führen und zum anderen natürlich zu höchst willkommenem Zufluss qualifizierten Arbeitspotenzials für Konzerne, Unternehmen, für Städte und Kommunen in Westdeutschland und auch in anderen Ländern Westeuropas.

– Damit nicht genug: Die aktuellen politische Szenarien im ersten Jahrzehnt des 21. Jahrhunderts werden überschattet von Horrorvisionen über bereits einsetzende bzw. erneut zu erwartende und weiter eskalierende Ost-West-Völkerwanderungen. Dabei ist ja derzeit nicht im einzelnen abzusehen, ob mit dem erfolgten Beitritt osteuropäischer Länder zur Europäischen Union seit 2004 die Bevölkerungswanderungen von Ost- nach Mittel- und Westeuropa tatsächlich größere Dimensionen erreichen werden.

Diese Abläufe in den Zentralbereichen Europas in den zurückliegenden Jahrzehnten mahnen, den Migrationsprozessen auf europäischem Boden größere Beachtung zuzuwenden. Sie mahnen, den Kindern und Enkeln der Kriegsgenerationen die historischen Hintergründe von Ab- und Zuwanderungen in Europa in der Vergangenheit bewusst zu machen. Sie mahnen, nicht einfach leichtfertig darüber hinwegzugehen, wenn – wo und von wem auch immer – von *„Reisefreiheit", „Demokratisierung", „freien Wahlen", „Grenzöffnung", „Familienzusammenführung", „temporärer Arbeitsmigration", „Ausbildungswanderung", „Migration Hochqualifizierter", „Wanderungsgewinnen", „Transferzahlungen", „Ost-West-Mischung"* oder ähnlichem die Rede ist. Und sie mahnen zugleich, endlich besser die historischen *Chancen* zu nutzen, die weltweite Migration im Zeitalter der Globalisierung bietet. Das heißt, sie für positive, fortschrittliche Entwicklungen zur Wirkung zu bringen.

In diesem historischen Kontext betrachtet kann und darf das Problem der Abwanderung aus Ost- nach Westdeutschland, der „Republikflucht" aus der SBZ, aus der DDR, und dann aus den beigetretenen neuen Bundesländern nach Westdeutschland und der Zuwanderung mehrerer Millionen

Menschen in die Bundesrepublik nicht als eine kleine, innerdeutsche und mit der formalen staatlichen Wiedervereinigung ein für allemal ausgestandene Episode der Geschichte heruntergespielt werden. Es darf nicht zugelassen werden, dass die Anstifter und vor allem die Profiteure der Zuwanderungen die diesbezüglichen Fakten und Hintergründe verschweigen, verdecken bzw. hinwegreden wollen. Es müssen vor allem die Konsequenzen beim Namen genannt werden, die sich aus der flächendeckenden jahrzehntelangen Abwerbung und Abwanderung der *qualifizierten Eliten* aus dem Osten Deutschlands und deren Zuwanderung in die Bundesrepublik ergeben haben und weiter ergeben.

Diesbezügliche Hinweise und Mahnungen sind ernst zu nehmen.
So schreiben z.B. *B. Effner* und *H. Heidemeyer* zutreffend: „Flucht und Ausreise aus der DDR bilden *eine der umfangreichsten europäischen Migrationen der Nachkriegszeit*. Von ihr aus kann man einen Bogen sowohl zu anderen vergangenen wie auch zu gegenwärtigen Wanderungsbewegungen schlagen." [1]
Wer genauer hinschaut und die einzelne Fakten in die maßgeblichen historischen Zusammenhänge einordnet, erkennt unschwer: Bei der Abwanderung eines erheblichen Teils der Bevölkerung Ostdeutschlands nach 1945 in den Westen handelt es sich um **eine der Kernfragen der tiefgreifenden gesellschaftlichen Umbruchsprozesse** im
20. Jahrhundert, nicht nur in Deutschland sondern in Europa insgesamt.

Die durch vielfältige Umstände und verschiedenartigste ökonomische und politische Sachverhalte und Maßnahmen ausgelöste und immer wieder neu angestachelte „Republikflucht" von Ostdeutschland nach dem Westen und die Zuwanderung Ostdeutscher in großer Zahl in die Bundesrepublik war nicht nur *Folge* und Widerspiegelung sondern in Vielem auch *auslösender Faktor für die* abgelaufenen *politischen und gesellschaftlichen Umbrüche* im Herzen Europas. Das Wirtschaftswunder im Westen nach dem Ende des Zweiten Weltkrieges, die ost-westdeutsche Wanderung und der Zusammenbruch des Realsozialismus am Ende des zurückliegenden Jahrhunderts stehen in einem unmittelbaren historischen Zusammenhang. Tempoverlust, Deformierung, Agonie und dann Implosion des realsozialistischen Systems der DDR sind ganz erheblich der Abwanderung

---

[1] B. Effner, H. Heidemeyer - Hg.- Flucht im geteilten Deutschland, Berlin-Brandenburg, 2005, S. 23, Hvh.: G.U.

geschuldet, und umgekehrt. Sie sind wesentlich auch Folge des *Fehlens* der Arbeitskräfte und großer Teile der intellektuellen Eliten, die nach dem Westen abgewandert sind. Und dort maßgeblich zum „Wirtschaftswunder" beigetragen haben.

Die Verantwortung und die Schuld für`s „Abhauen nach dem Westen" und für den Zuzug in die Bundesrepublik haben Politiker in Ost *und* West immer wieder mit großer Theatralik der jeweils anderen Seite auferlegen wollen. Angesichts der weitreichenden historischen Konsequenzen, die auf seinerzeit ja zuerst einmal recht harmlos anmutende Losungen folgten, ist es geboten, den Hintergründen genauer nachzugehen, die sich tatsächlich hinter den Rauchvorhängen demagogischer Reden von *„Abwerbung", „Republikflucht", „Menschenhandel", „Gefangenenverkäufen"* bzw. von *„Freizügigkeit", „Intelligenzzuwachs"* oder *„Einheit in Freiheit"* usw. verbergen. Der einzelne, der „kleine Mann" und seine ganz persönlichen Gründe bzw. Motive für`s Abwandern nach dem Westen und die Einreise in die Bundesrepublik – das ist *das eine. Das andere* – das ist die Frage nach den Akteuren und Drahtziehern dieser Wanderungsbewegungen sowie nach deren Motiven und tatsächlichen Zielsetzungen, die aufgedeckt und den vertuschenden Propagandareden entgegengestellt werden müssen. *Das andere* – das sind auch die Folgen, die eingetreten sind dadurch, dass in Folge der Abwanderung nach Westen allzu viele kreative und intelligente Menschen in Ostdeutschland ganz einfach gefehlt haben.

Abwerbung und tatsächlich vollzogene Abwanderung von Millionen Menschen von Ost nach West sowie deren Integration in die westdeutsche Gesellschaft stehen im Kontext zu den reaktiven gesellschaftlichen Umbruchprozessen, zur Umsetzung der Konzepte vom roll-back des Sozialismus auf dem europäischen Kontinent. Schon aus diesem Grunde wäre es fahrlässig, über die Umstände, die *hüben* **und** *drüben* über vier Jahrzehnte die Abwanderung nahezu eines Drittels der Bevölkerung in den anderen Teil Deutschlands und deren Zuwanderung dorthin bedingt haben, einfach den Schleier des Vergessens zu legen. Daran könnten und können de facto nur diejenigen Interesse haben, die von diesen Ab- und Zuwanderungen profitiert haben und nach wie vor bis heute profitieren. Unter diesem Blickwinkel ist es unter verschiedenen Aspekten aufschlussreich, wenn heute in den offiziell bewerkstelligten Bemühungen zur „Aufarbeitung der Geschichte" des untergegangenen DDR-Staates der Abwanderung aus Ostdeutschland und der Zuwanderung in die Bundesrepublik wenig oder lediglich ganz am Rande Aufmerksamkeit gewidmet wird. Und das, was regierungsoffiziell und über die Medien zur Republikflucht damals und zur Ab- und Zuwanderung heute ausposaunt wird, entstellt und verfälscht die tatsächlichen Abläufe.

Die gesamte Ab- und Zuwanderungs- sowie Integrationsproblematik in Deutschland nach 1945 ist in erheblichem Maße streitbehaftet. Zu DDR-Zeiten galt das offizielle Postulat: Flüchtlinge und Vertriebene aus den vormals deutschen Ostgebieten in Folge des Hitler-Krieges sind hier, in der DDR seit den fünfziger Jahren erfolgreich integriert. Weshalb dort Vertriebenenprobleme nicht öffentlich zur Sprache gebracht werden durften und auch tatsächlich weitgehend verschwiegen worden sind.
In der Alt-Bundesrepublik kam und kommt es in der Regel bis heute sofort zu Streit, wenn nur die Stichworte „Einwanderung", „Flüchtlinge" oder „Aussiedler" fielen bzw. fallen. Von offizieller Seite ist über Jahrzehnte regelrecht gebetsmühlenhaft die Tabu-Formel wiederholt worden: *„Deutschland ist kein Einwanderungsland!"* Deutschland wollte von sich aus nie Einwanderungsgesellschaft sein. *Klaus. J. Bade* hat diese Position zurecht „defensive Erkenntnisverweigerung" genannt. Eine wirkliche Integrationspolitik der Bundesrepublik ist über Jahrzehnte sozusagen durch das „Nichtwahrhabenwollen" der Einwanderer, schlicht weg durch diesbezügliche Realitätsverweigerung erschwert worden. Dabei sind der Nutzen und die Vorteile durch die Zuwanderer selbstverständlich vereinnahmt und einfach den eigenen Verdiensten zugeschlagen worden. Und das gilt in weiten Teilen auch bis heute.

Andererseits bewegten und bewegen die Zuwanderung und Integration der Vertriebenen aus den ehemaligen Ostgebieten, wie auch der „Gastarbeiter", von Asylsuchenden, Übersiedlern, „Aussiedlern" bzw. Spätaussiedlern aus Russland und anderen Ländern Osteuropas eminent die Öffentlichkeit. Die damit zusammenhängen Probleme treiben erheblich die agierenden Parteien, Parlament, Regierung und Verwaltungen um. Und die Medien hatten und haben gehörig Anteil daran, dass in Deutschland Fremdenangst und Fremdenfeindlichkeit grassieren. Wenn in Presse, Rundfunk und Fernsehen in der Bundesrepublik von *Migration* die Rede ist, geht es in der Regel um *Bedrohung, Gefahr, Gewalt* und *Terrorismus*, um *Abschottung* und *Abschiebung*.
Nach den amtlichen Statistiken lebten 2004 6,7 Millionen Ausländer in Deutschland. Davon waren ca. 1,4 Millionen bereits hier geboren. Dazu kommen die rund 3 Millionen Spätaussiedler, insbesondere aus Polen, Rumänien und den Nachfolgestaaten der ehemaligen Sowjetunion. Da

diese die deutsche Staatsbürgerschaft besitzen, gehören sie zahlenmäßig eigentlich nicht zu den Ausländern, sind aber natürlich auch Migranten. Der aktuelle Mikrozensus verweist auf 15,3 Millionen „Menschen mit Migrationshintergrund" in Deutschland.
Das ist ein ganz erheblicher Teil der Gesamtbevölkerung.

Mit dem neuen Staatsangehörigkeitsrecht und der Verabschiedung des Zuwanderungsgesetzes 2004 sollten die Voraussetzungen für einen „geregelten" Umgang vor allem mit Asylanten und „Scheinasylanten" geschaffen werden.
Die EU und die Bundesrepublik geben unstreitig erhebliche Mittel für die Integration der Migranten und Flüchtlinge aus. Die Verwaltungsbeamten der vielen zuständigen Behörden beschreiben regelmäßig Hunderte von Seiten zu den Problemen der Ausländer in Deutschland. Diese umfänglichen offiziellen Einschätzungen können aber nicht über die bestehenden Defizite und die ungelösten Probleme bei der Integration vieler Zuwanderer hinweg täuschen. Aufgescheucht durch schockierende Medienberichte über Gewaltexzesse gegen Ausländer (insbesondere in den neuen Bundesländern) äußern sich zuständige Behörden lediglich sporadisch zur „Ausländerpolitik". Dann tritt jeweils eklatant das Fehlen ernsthafter strategischer Konzepte für eine moderne deutsche Einwanderungs- und Integrationspolitik zu Tage, die den aktuellen weltweiten Entwicklungen und Erfordernissen Rechnung trägt. Einwanderer sind Fremde, sie sind unerwünscht, sie sind allerhöchstens *„zu dulden"*. Man meint, sie müssten überwacht und kontrolliert werden. Sie werden vielerorts beargwöhnt, gedemütigt, ausgegrenzt, abgeschoben. So gilt ja zum Beispiel seit 1980 in Deutschland das Beschäftigungsverbot für Flüchtlinge und Asylbewerber. Und es ist *Folge dieser Ausgrenzung*, wenn Einwanderer nach Deutschland sich ihrerseits abgrenzen, isolieren, trotzig selbst behaupten. Wenn sie bestrebt sind, sich in Parallelgesellschaften zu organisieren. So sind ja auch die bedrohlichen Gewaltexzesse in der Regel Reaktion auf erfolgte Ausgrenzung, Diffamierung und Zurücksetzung.

Dabei ist doch für jeden einsichtigen Menschen völlig klar: „Das geburtenarme Deutschland *braucht* Migration. Zuwanderung als *Bereicherung* unserer Gesellschaft ist gefordert: ökonomisch, demografisch, kulturell, ästhetisch. Ein Deutschland ohne Zuwanderung hat in der globalisierten Welt keine Zukunft." [2]

---

[2] U. Poschardt, DIE ZEIT, Nr. 16/2006, S. 5 – Hvh.: G.U.

Neuerdings heißt es sogar regierungsoffiziell: Die „Herausforderungen, denen sich unsere Gesellschaft in einer globalisierten, mobilen und vernetzten Welt zu stellen hat, ... heißen *Migration und Integration*". Um diesen Herausforderungen begegnen zu können, sei „eine grundlegende Reform des Ausländerrechts in Deutschland" erforderlich. Dazu wird dann aber auch gleich mit Verweis auf die große Zahl „von 171 000 geduldeten Ausländern" ausgeführt: „Wenn wir die Toleranz und Offenheit unserer Gesellschaft erhalten wollen, müssen wir den Missbrauch unseres Aufenthaltsrechts vermeiden."[3]

Angesichts solcher Äußerungen und Aktivitäten gibt es in Deutschland einen erheblichen Klärungs-, Aufklärungs- und Erkenntnisbedarf in Sachen *Migration*. Das beginnt schon bei solchen Fragen, wie:

– *„Wer alles ist denn eigentlich Migrant?"*
– *„Welche Zuwanderer werden mit dem Begriff `Migration` erfasst und welche nicht?"*
– *„Was ist in Deutschland unter `Integration` von Einwanderern zu verstehen?"*
– *„Was soll mit der großen Zahl der bisher geduldeten Ausländer geschehen, die sich z. T. schon über zehn Jahre hier aufhalten, wenn sie – wie es das reformierte Ausländerrecht vorsieht – bis 2009 k e i n festes Beschäftigungsverhältnis in Deutschland gefunden haben?*

und eben auch:

– *„Sind die Ostdeutschen, die nach der Wende in die Altbundesländer gekommen sind, gleichfalls Migranten – oder eben gerade nicht?"*
usw./usf.

Selbstverständlich haben auch in der Bundesrepublik Politologen, Sozial- und Bevölkerungswissenschaftler in den zurückliegenden Jahrzehnten zu heranreifenden Migrationsproblemen eine Reihe gründlicher Untersuchungen vorgelegt. Hier sei nur stellvertretend für die Fülle der vorliegenden Äußerungen darauf verwiesen, dass die fundierte Arbeit von *R. Münz, W. Seifert, R. Ulrich* „Zuwanderung nach Deutschland" u.a. auch eine gründliche Liste der bis dahin hierzu veröffentlichten Literatur enthält [4]

---

[3] W. Schäuble, DIE ZEIT, Nr. 14/2007, S. 17 – Hvh.: G. U.
[4] R. Münz, W. Seifert, R. Ulrich, Zuwanderung nach Deutschland, 2., aktualisierte und erw. Auflage, Frankfurt/Main; New York, 1999; generell zum Stand der Migrationsforschung auf Europa bezogen siehe: K. J. Bade, P. C. Emmer, L. Lucassen, J. Oltmer (Hrsg.), Enzyklopädie Migration in Europa, Paderborn 2007

R. Münz hat klar und deutlich formuliert: „Die wirtschaftliche und soziale Integration der ausländischen Zuwanderer und der Spätaussiedler stellt eine der wichtigsten Herausforderungen dar, denen Deutschland in den nächsten Jahren gegenübersteht."[5]

Migranten: das sind sowohl die Einwanderer nach Deutschland auf Dauer aus anderen Ländern, Kulturen, Kontinenten. Weiter: die sog. Gastarbeiter, als auch die nach 1945 nach West- und Ostdeutschland gekommenen Heimatvertriebenen sowie die sogenannten Republikflüchtigen aus der Ostzone und dann aus der DDR in die Bundesrepublik.

Wenn *W. Schäuble* aktuell davon ausgeht: „... unterm Strich gibt es im Moment faktisch keine nennenswerte Zuwanderung nach Deutschland"[6], dann bleibt natürlich ein ganz wichtiger Aspekt ganz einfach außen vor: Zuwanderung *aus dem Ausland* ist nicht erwünscht, ja auch nicht erforderlich und kann eben auch abgeblockt werden, solange *Ostdeutsche* in nennenswerter Zahl und Größenordnung nach Westdeutschland kommen. Das bedeutet aber eben selbstverständlich und ganz zwangsläufig auch, dass die Abwanderer aus Ostdeutschland, die in die alten Bundesländer kommen, *regierungsoffiziell* **nicht** als Zuwanderer oder Migranten gesehen werden. Aus offizieller bundesrepublikanischer Sicht wäre und ist es geradezu abwegig, die Ostdeutschen, die in die alten Bundesländer zuziehen, als „Zuwanderer" anzusehen oder so zu bezeichnen. Sie sozusagen mit Menschen, die *aus dem Ausland* nach Deutschland kommen, gleichsetzen zu wollen.

K. J. Bade unterscheidet dem gegenüber zutreffend in Übereinstimmung mit der „allgemeinen" Migrationsliteratur insgesamt **vier** große Zuwanderungs- und Eingliederungsprozesse in Deutschland seit 1945:
"a) die Integration der Flüchtlinge und Vertriebenen in West- und Ostdeutschland als Folge des Krieges;
b) den Weg von der Ausländeranwerbung über die Gastarbeiterfrage zum echten Einwanderungsproblem in Westdeutschland;
c) die Zuwanderung von Flüchtlingen und Asylsuchenden und
d) die Eingliederung der Aussiedler bzw. Spätaussiedler."[7]

---

[5] R. Münz u.a., a.a.O., S. 200
[6] W. Schäuble, a.a.O.
[7] K. J. Bade in: H.-M. Hinz -Hrsg.-, Zuwanderungen – Auswanderungen, Integration und Desintegration nach 1945, Bundeszentrale für politische Bildung/Deutsches Historisches Museum, 1999, S. 17/18

In den deutschsprachigen Veröffentlichungen zu Zu- und Einwanderung geht es traditionell um die sog. „allgemeinen" Migrationsprozesse in ihrem Deutschlandbezug. Das Inkrafttreten des Zuwanderungsgesetzes und auch der 50. Jahrestag des deutsch-italienischen Anwerbeabkommens im Dezember 2005 waren willkommener Anlass für das erneute Aufleben von heißen Debatten zu „Deutschland als Zu- und auch Einwanderungsland". Dabei wird verschiedentlich ausdrücklich Wert darauf gelegt zu verdeutlichen, dass in Alt-Europa bereits über Jahrhunderte große Arbeits- und Glaubenswanderungen stattgefunden haben. Schon im Kaiserreich seien Hunderttausende Arbeitsmigranten auf der Suche nach Erwerbsmöglichkeiten ins Deutsche Reich gekommen. Es (das Deutsche Reich) war ja damals – nach den Vereinigten Staaten von Amerika – das zweitwichtigste Zuwanderungsland weltweit.

Mobilität, Bereitschaft zu Veränderungen, Wanderschaft zum Erwerb von Berufserfahrungen, zur Einkommensverbesserung und zur Erhöhung der Lebensqualität insgesamt – das waren damals und sind heute noch viel stärker anerkanntermaßen belebende Faktoren sowohl des gesellschaftlichen Fortschritts vor allem in den Zuwanderungsländern, als auch des persönlichen Entwicklungsweges vieler Menschen.

Weiter wird darauf verwiesen, dass ja im 20. Jahrhundert nicht nur die Vertreibungen aus den vormals deutschen Ostgebieten, sondern eben auch „andernorts"(!) massenhaft Vertreibungen stattgefunden hätten. Und nicht zuletzt wollen neonazistische Kräfte in den sogenannten „Vertriebenenverbänden" die aktuellen Einwanderungsdebatten ganz massiv mit dem Verweis auf die *deutschen* „*Opfer* der Vertreibungen" nach 1945 zum Schüren revanchistischer Bestrebungen nutzen.

3. Deutsch – deutsche Migration

Migration – das ist erst einmal ganz allgemein gesprochen – eine wichtige Komponente, die die Bevölkerungsentwicklung beeinflusst: „Migration ist ein anderer Begriff für Wanderungen. Unter Migration versteht man solche Formen der räumlichen Mobilität, bei der ein dauerhafter Wechsel des Wohnortes stattfindet".[8]

---

[8] Bundesinstitut für Bevölkerungsforschung, Bevölkerung, Fakten – Trends – Ursachen – Erwartungen, Sonderheft der Schriftenreihe des BiB, Wiesbaden 2004, S. 47

Auf Deutschland bezogen geht es *zum einen* im Zusammenhang mit Wanderbewegungen um die sog. „allgemeinen" Migrations- und Integrationsprozesse, um *„Außen*wanderungen", d.h. um *Zu*wanderung aus dem Ausland *nach* Deutschland und andererseits natürlich auch um die aktuell rasant zunehmende *Ab*wanderung *aus* Deutschland. Zum anderen geht es um *„Binnen*wanderungen" – zwischen einzelnen Regionen, zwischen Städten, zwischen den verschiedenen Bundesländern.

Auch und besonders in Deutschland und auf Deutschland bezogen kann die *Außen*wanderung, können Fragen der *allgemeinen* Migration nicht losgelöst von der Problematik der *Binnen*wanderung, von der **deutsch-deutschen Migration**, d.h. vor allem von der „Republikflucht" aus Ostdeutschland von 1945 bis 1989 sowie dann der Abwanderung weiterer Hunderttausender Ostdeutscher aus Ostdeutschland nach Westen und ihrer Zuwanderung nach Westdeutschland nach dem Beitritt der DDR zur Bundesrepublik seit 1989/1990 betrachtet werden.

Und sie sind auch im Kontext zu dem anderen (wenn auch zahlenmäßig geringerem) Aspekt der deutsch-deutschen Migration, der *Zu*wanderung *West*deutscher nach Ostdeutschland zu betrachten. Wobei nicht zu übersehen ist, dass Schritt für Schritt auch die *Rückkehr* von in den zurückliegenden Jahren nach Westen Abgewanderten nach Ostdeutschland Bedeutung erlangt. Darauf wird an anderer Stelle noch zurück zu kommen sein.

Aber, um es hier klarstellend ausdrücklich festzuhalten: Die Problematik der *deutsch-deutschen* Migration gehört traditionell natürlich erst einmal *nicht* zum Gegenstand der „klassischen" Migrations-Forschung in der Bundesrepublik. In diesem Sinne folgerichtig wurden und werden deshalb Fragen der ost-westdeutschen Ab- und Zuwanderung in der „allgemeinen" Migrations-Literatur der Bundesrepublik in der Regel ausgespart. Das folgt u.a. zwangsläufig daraus, dass Ostdeutschland und die DDR ja über Jahrzehnte offiziell als „zum deutschen Staatsgebiet gehörig" angesehen worden sind. Über Jahrzehnte ist regierungsoffiziell die Existenz der DDR als eigenständiger Staat geleugnet worden.

Zum einen bestehen hier aber natürlich sehr wohl Zusammenhänge, ja Gemeinsamkeiten. Zum anderen geht es bei der Massenab- bzw. Zuwanderung von Ost- nach Westdeutschland aber eben auch um andersartige Problemstellungen der Bevölkerungswanderung, zu denen wegen ihrer *Spezifik*, ihrer *Größenordnung* und *Brisanz* gesonderte Untersuchungen unumgänglich sind.

Es sind Analysen erforderlich, die es ermöglichen, die bis dato sowohl von West als auch von Ost weitgehend einseitig ideologisch ausgerichteten Zweckdarstellungen zur deutsch-deutschen Migration zu korrigieren. So kann und darf es eben heute nicht mehr einfach hingenommen werden, wenn diese deutsch-deutschen Migrationsprozesse heruntergespielt und einfach als „normale *Binnenwanderung*" eingeordnet werden. Auch die offiziellen Statistiken belegen ja die extremen Unterschiede – je nachdem, ob es um Ab- bzw. Zuwanderungen *aus* ost- oder westdeutschen Regionen, Städten und Ländern oder *in* diese geht.

Zugleich sollte man sehen, dass sich aus differenzierteren Betrachtungen zu „Republikflucht" und Zuwanderung Ostdeutscher nach Westdeutschland in einzelnen Punkten auch gewichtige weiterführende Erkenntnisse zum besseren Beherrschbarmachen der aktuellen „allgemeinen" Migrationsprobleme ergeben können.

R. Münz u.a. führen zutreffend in ihrer instruktiven Untersuchung zur „Zuwanderung nach Deutschland" neben den Vertriebenen und Aussiedlern ausdrücklich die „*Übersiedler aus der DDR*" als „eine zweite Gruppe von deutschen Migranten" auf.[9] *B. Effner, H. Heidemeyer* verweisen darauf, dass es wichtig ist, den „Zustrom der DDR-Flüchtlinge ... über einen Zeitraum von 40 Jahren" mit den anderen deutschen Migranten zu vergleichen, mit der Zwangswanderung der Vertriebenen am Ende des Zweiten Weltkrieges und auch mit den sogenannten „Spätaussiedlern", überwiegend aus der ehemaligen Sowjetunion, aus Polen und anderen osteuropäischen Ländern. Solche Vergleiche würden es zum Beispiel ermöglichen, „das Verständnis von Integrations-Voraussetzungen und -bedingungen" zu schärfen. [10]

Nach den Regelungen des Bundesvertriebenengesetzes (BVFG) haben „Heimatvertriebene" (Personen, die am 31. 12. 1937 oder bereits einmal vorher ihren Wohnsitz in dem Staate hatten, aus dem sie vertrieben worden sind) auf Antrag einen Vertriebenen-*Ausweis A* erhalten. „Vertriebene", die nicht Heimatvertriebene waren, konnten auf Antrag den *Ausweis B* erhalten. „Sowjetzonenflüchtlingen", die nicht gleichzeitig Vertriebene oder Heimatvertriebene waren, konnte auf Antrag der *Ausweis C* ausgestellt werden. Auch dieser galt nur in Verbindung mit einem gültigen Personalausweis der Bundesrepublik Deutschland.

---

[9] R. Münz u.a, a.O., S. 36
[10] B. Effner, H. Heidemeyer, a.a.O., S. 24/25

Bevor in dieser Ausarbeitung nun wie angekündigt im Weiteren einige Fragen der deutsch-deutschen Migration seit 1945 genauer untersucht werden, soll hier nochmals kurz zu immer wieder in den Medien und im Alltag geäußerten beschwichtigenden Einwänden bzw. Argumenten in diesem Zusammenhang Stellung genommen werden:

– *„Was soll jetzt das Gerede über `deutsch-deutsche Migration`? Wir haben doch wohl genug Probleme mit den Ausländern!"*

– *„Was scheren uns diese `Republikflüchtinge`, es geht um die „Opfer der Vertreibungen" aus Schlesien und Pommern!"*

– *„Warum so viel Aufregung um deutsch-deutsche Ab- und Zuwanderung heute? Gerade die Deutschen haben doch in den zurückliegenden Jahrhunderten schon immer von Zuwanderung aus anderen Ländern Europas profitiert."*
Zu aller erst werden dann – natürlich völlig zutreffend und zu Recht – die Hugenotten aufgeführt.

– *„Auch schon im Kaiserreich sind doch viele Landarbeiter aus preußischen Ostprovinzen nach Westen gezogen."*

– *„Übertreib nicht. Auch früher schon sind ja immer wieder auch zehntausende Deutsche ausgewandert, nach Amerika, nach Australien, Neuseeland."*

Und zum anderen:
– *„Hast Du etwa was dagegen, dass billige Arbeitskräfte aus dem Osten zu uns rüberkommen? Je mehr von dort kommen, desto eher können wir doch irgendwann endlich auf die Türken verzichten."* ...

Die solchen Fragen und Behauptungen zu Grunde liegenden Fakten sollen erst einmal selbstverständlich gar nicht bestritten werden. Das ändert aber eben auch überhaupt nichts an der im gesellschaftlich-historischen Gesamtzusammenhang **außerordentlichen Brisanz der deutsch-deutschen Migration von 1945 bis heute**.
Das Problem der „Republikflucht", der Abwerbung, der Abwanderung aus Ostdeutschland und der Zuwanderung Ostdeutscher nach Westdeutschland muss – wie gesagt – in den historischen Kontext des 20. Jahrhunderts gerückt werden. Und in diesem Kontext geht es im Zusammenhang mit

Zuwanderung eben nicht nur um die Migrations-Probleme der Flüchtlinge und Vertriebenen aus den „ehemaligen Ostgebieten Deutschlands", der „Spätaussiedler" oder der Asylsuchenden und eben der anderen Zuwanderer aus Afrika und Asien. Der zurecht immer wieder eindringlich angemahnte *Paradigmenwechsel* im Umgang der Deutschen mit Migration muss notwendig an vorderster Stelle auch die Probleme der Ab- und Zuwanderung Ostdeutscher nach Westen einbeziehen. Sind doch die deutsch-deutsche Migration und die Eingliederung Hunderttausender Ostdeutscher auch ein wichtiger Teil der immer wieder herausgestellten Erfolgsgeschichte der Alt-Bundesrepublik. Und auf der anderen Seite geht es darum, endlich Schluss zu machen mit dem betroffenen Schweigen bzw. den Versuchen zum Herunterspielen der deutsch-deutschen Ab- und Zuwanderungsproblematik damals und heute in linksorientierten Texten.

Im Rahmen der historischen Abläufe geht es um zwei große Teilabschnitte der deutsch-deutschen Migration:
Erstens: von 1945 bis 1989/1990 und
zweitens: von 1989/1990 bis heute.
Zum einen gibt es auch auf diese beiden historischen Teilabschnitte bezogen *Gemeinsamkeiten und Kontinuität*. Zum anderen sind aber auch für diese Teilabschnitte jeweils *Besonderheiten* charakteristisch, die genauer betrachtet werden müssen. Die Statistiken offenbaren – wie sollte es auch anders sein - aussagekräftig sowohl Anstiege, also *Zunahmen* als auch den Rückgang, also die *Abnahme* der Ab- und Zuwanderungszahlen in Relation zu bedeutsamen historischen Abläufen und Einschnitten.
Auch dieses Auf und Ab der historisch abgelaufenen Migrationsprozesse muss genauer betrachtet werden. Kann es doch jederzeit und überall wiederum in Folge aufbrechender gesellschaftlicher Konfliktsituationen zu grenzüberschreitenden Bevölkerungsbewegungen, zu Flucht, Ab- und Zuwanderungen in beträchtlichen Größenordnungen kommen – mit schwer vorhersehbaren und schwer kalkulierbaren Konsequenzen.

4.   1945 bis 1990 – mehr als 4 ½ Millionen

Im Zeitraum *vom 1. Juli **1945** bis zum Juli **1990*** sind 4.619.331 Menschen aus der Sowjetischen Besatzungszone/DDR ab- und nach Westdeutschland/Bundesrepublik zugewandert.[11]

---

[11] K.-H. Baum, Die Integration von Flüchtlingen und Übersiedlern in die Bundesrepublik Deutschland, Angaben gestützt auf: Bundesminister des Innern, Bestandsaufnahme; in: En-

– Zu diesen sowie zu allen im Folgenden in dieser Ausarbeitung mit Verweis auf die jeweiligen Quellen genannten Zahlen zur Ab- und Zuwanderung aus Ost- nach Westdeutschland muss gesagt werden: Die Angaben in den diesbezüglichen Veröffentlichungen sowie auch in den offiziellen Statistiken West und Ost differieren im einzelnen. Z.T. sogar nicht unerheblich – je nach dem, welche Zeiträume erfasst sind und welche Kriterien zu Grunde gelegt werden. Z. B., je nachdem, ob es um Ab- oder Zuwanderer geht, ob es um offiziell genehmigte, um „illegale" oder „freigekaufte" Abgewanderte geht, ob es um „Abgeworbene" oder Abgewanderte geht, ob in die jeweiligen Zahlenangaben Ost- und West-Berlin einbezogen sind, oder nicht, usw.. –

Das Bundesinstitut für Bevölkerungsforschung benennt für den Zeitraum *von **1951** bis **1996*** den Rückgang der Bevölkerungszahl für Ostdeutschland von 18,4 Millionen auf 15,1 Millionen, also um 3,3 Millionen. Dieser Rückgang sei – so das BiB -„Folge von zwei Fluchtwellen aus der ehemaligen DDR – bis zum Mauerbau 1961 und nach dem Fall der Mauer 1989." [12] Jahr für Jahr sind Hunderttausende mit Genehmigung der Behörden als Übersiedler, ohne Genehmigung als Flüchtlinge oder als „Freigekaufte" vom östlichen Teil Deutschlands in den Westen gegangen. Sie haben damit zugleich im Kalten Krieg der Systeme und Ideologien „die Seiten gewechselt".
In all diesen Jahrzehnten war die Auseinandersetzung über *Bleiben oder gehen*, über *Dagebliebene und Weggegangene,* über *Alt-Eingesessene* und *Zugezogene* eine zentrale politische Streitfrage sowohl in der DDR als auch in der Bundesrepublik. Gestritten wurde vor allem über die Ursachen und Motive für die Ost-West-Wanderung. Die DDR-Führung behauptete und konnte das auch immer wieder mit Fakten belegen: Anstiftung und Abwerbung durch den Klassengegner! Große Teile der Bevölkerung der DDR und auch der Westen sahen im Versagen der Partei- und Staats-Führung der DDR die maßgebliche Ursache für die „Republikflucht".
In der Bundesrepublik ging man davon aus, dass die Republikflucht nach dem Westen in erster Linie Folge der politischen Unterdrückung im Osten war. Behauptungen, dass der Westen ja davon profitiert, wenn so viele Arbeitskräfte aus Ostdeutschland herüber kommen, haben die offiziellen

---

quete-Kommission „Überwindung der Folgen der SED-Diktatur im Prozeß der deutschen Einheit", Bd. VIII.1., Frankfurt am Main, 1999, S. 520
[12] Bundesinstitut für Bevölkerungsforschung, Bevölkerung, Fakten – Trends ..., a.a.O., S. 56

Stellen dort immer wieder mit Nachdruck scheinheilig zurückgewiesen. Dieser Streit über das Ausmaß, über Ursachen und Motive der Republikflucht gipfelte dann 1989 in dem leidigen, ja ungeheuerlichen Endzeitsatz des vergreisten *Erich Honecker*, der zugleich die ganze historische Tragik des Abwanderungsproblems aus Ostdeutschland offenbart: *„Denen weinen wir keine Träne nach"*!

Von so einem von oberster Stelle formulierten Satz war es dann – geradezu zwangsläufig und folgerichtig – nicht mehr weit bis zum vollständigen *Untergang* des Staates DDR. Wenige Wochen später war dieser Staat, der 1949 so hoffnungsvoll als „erster Arbeiter-und-Bauern-Staat auf deutschem Boden" gegründet worden war, im Lärm des *„Wir sind e i n Volk"* – Getöses und der demagogischen Reden von den zu erwartenden *„blühenden Landschaften"* untergegangen. Gänzlich vom Schauplatz der Geschichte abgetreten. Untergegangen, vom Schauplatz der Geschichte abgetreten war ein Staat, an dessen Existenz und an dessen Aufblühen, allen erdenklichen Widerständen zum Trotz, Hunderttausende Kommunisten und Sozialdemokraten sowie auch Millionen anderer arbeitsamer Menschen nach dem Ende des faschistischen Krieges ihre ganze Zuversicht und all ihre Hoffnungen geknüpft hatten.

Unter diesen Umständen und unter dem Druck weiterer Hunderttausender Abwanderer konnte von Seiten der Verhandlungsführenden der untergehenden DDR kein wirksamer Einfluss auf eine Wende zum Positiven oder auch nur auf erträgliche Konditionen für große Teile der Bevölkerung Ostdeutschlands für den Beitritt zur Bundesrepublik genommen werden. Dadurch waren ja auch von vornherein die negativen Grundkonstellationen für den weiteren Weg der neuen Bundesländer im formal wieder vereinigten Deutschland abgesteckt.

Mit dem Verweis darauf, dass ja **das Volk der DDR** „nicht mehr so wie bisher weiter leben wollte", dass ja **das Volk** dieses Landes „in den Westen gegangen ist", ist in kürzester Zeit die totale politische, ökonomische, soziale und ideologische Machthoheit der Bundesrepublik auf Ostdeutschland übertragen worden – letztlich zu großen Teilen zum Nachteil der überwiegenden Mehrheit der arbeitsfähigen Bevölkerung in den neuen Bundesländern.

Zur Tragik dieser Abläufe gehört, dass *damals – als es darauf ankam –* sowohl von den bis dato die Macht Ausübenden als auch von den (vom Westen hofierten) „Bürgerrechtlern" in Ostdeutschland gerade diese Zusammenhänge und Konsequenzen nicht in ihrer verheerenden Tragweite erkannt worden sind. Viele von den wenigen, die in jenen Monaten meinten, als politische Akteure die Abläufe doch in eine für die Ostdeutschen letztlich überwiegend positive Richtung beeinflussen zu können, mussten ohnmächtig mit ansehen, dass die Mehrheit der Bevölkerung unter gar keinen Umständen mehr bereit war, auf irgendwelche Versprechungen „aus den eigenen Reihen" zu vertrauen. In den verschiedenen „Konzepten" und Aufrufen dazu, wie es denn weiter gehen soll, ist die Abwanderung meist nicht als zentrales Problem benannt worden.

Auch in Westdeutschland waren die Zugewanderten aus der SBZ/DDR immer ein Zentralproblem des wirtschaftlichen Aufschwungs, des sog. westdeutschen „Wirtschaftswunders" und in den Debatten über die „deutsche Frage", über „die Mauer", über das *Ob, Wann* und *Wie* einer deutschen Wiedervereinigung.

4.1. Aus der Sowjetischen Besatzungszone (1945 – 1949)

Nach dem Einmarsch der Roten Armee, der Kapitulation Hitler-Deutschlands und der Etablierung der Sowjetischen Besatzungszone in Ostdeutschland sind von dort sofort aus Furcht vor Vergeltung oder Verfolgung Zehntausende nach dem Westen gegangen: Offiziere und andere Kriegsverantwortliche, Großgrundbesitzer, Konzernchefs und andere Unternehmer, ehemalige führende politische Beamte, aber auch Intellektuelle und Kulturschaffende sowie vor allem viele Jugendliche auf der „Suche nach einer besseren Alternative". Tausende der Vertriebenen („Umsiedler") aus den ehemals deutschen Gebieten jenseits von Oder und Neiße strömten gleichfalls weiter in die westlichen Besatzungszonen.
Die meisten gingen, weil sie sich im Westen eher einen wirtschaftlichen Neuanfang und schneller bessere Lebensverhältnisse versprachen. Andere gingen aus „Angst vor den Russen", vor antifaschistischer Maßregelung bzw., weil sie gegen den von der KPD/SED forcierten Kurs des Übergangs zur stalinistisch ausgerichteten sozialistischen Entwicklung in Ostdeutschland waren. Weil sie gegen die drohend heraufziehende endgültige deutsch-deutsche Spaltung waren.

Es sind also bereits vor der – als Antwort auf die von den westlichen Besatzungsmächten initiierte Staats-Gründung der Bundesrepublik in den Westzonen – in Ostdeutschland erfolgten Konstituierung der Deutschen Demokratischen Republik am 7. Oktober 1949 Hunderttausende abgewandert. *R. Münz u.a.* benennen in ihrer Untersuchung die Zahl von

rund 730.000, die vor der Gründung der beiden deutschen Staaten aus der sowjetischen in die westlichen Besatzungszonen übersiedelten.[13]
K.-H. Baum nennt die Zahl 732.100.[14]
Es sind Menschen in großer Zahl abgewandert, die für den Aufbau einer neuen Ordnung in diesem kleineren, viel erheblicher zerstörten und vielfach benachteiligteren Teil Deutschlands nach dem Krieg dringend gebraucht worden wären.
Darunter waren bereits in diesen Anfangsjahren auch viele Intellektuelle, politisch engagierte Menschen, die dann später in Westdeutschland in der Politik oder in anderen Bereichen Karriere gemacht haben. Von *Jakob Kaiser, Hanna-Renate Laurien, Wolfgang Mischnik, Walter Schreiber, Otto Suhr, Klaus Bölling* bis *Mathias Walden, Peter Merseburger u.v.a.*.

4.2. Bis zum Mauerbau (1949 – 1961)

Die DDR war vom ersten Tag ihrer Existenz als eigener Staat an – ob man das nun wahr haben will oder nicht – faktisch eine *Auswanderungsgesellschaft*. Von 1949 bis zum 12. August 1961 haben **2.686.942 Menschen** die DDR in Richtung Bundesrepublik verlassen. [15]
J. Roesler nennt mit Bezug auf die amtlichen Angaben die Zahl von **2.612.000** Ostdeutschen, die die DDR zwischen Januar 1951 und August 1961 in Richtung Westen verlassen haben.[16]
„Das Statistische Jahrbuch der DDR 1990 weist einen Rückgang der `mittleren Wohnbevölkerung` von 18.488 Mio. Personen 1946 (Jahresende) auf 16.434 Mio. Personen 1989 aus. Das ist ein Rückgang der Bevölkerung um **2,054 Mio**. Personen." Dabei sind aber diese Angaben zum Rückgang der „mittleren Wohnbevölkerung" insgesamt nicht identisch mit der Anzahl der Personen, die aus der DDR nach Westdeutschland gegangen sind.[17]
R. Münz u.a. sprechen sogar von „**3,8 Mio**. Ostdeutsche(n)", die insgesamt nach der Gründung der DDR (1949) bis zum Bau der Mauer (1961) ihr

---

[13] R. Münz, a.a.O., S. 36
[14] K.-H. Baum, a.a.O., S. 519
[15] wiederum nach: K.-H. Baum, a.a.O., S. 519
[16] J. Roesler, „Rübermachen", hefte zur ddr-geschichte 85, Berlin 2004, S. 12; siehe hierzu weiter auch: A. Schmelz, Migration und Politik im geteilten Deutschland während des Kalten Krieges, Opladen 2002; H. Wendt, Die deutsch-deutschen Wanderungen – Bilanz einer 40jährigen Geschichte von Flucht und Ausreise, Deutschland Archiv 1991, Heft 4; B. Effner, H. Heidemeyer, a.a.O., insbes. S. 27ff.
[17] S. Wenzel, Was kostet die Wiedervereinigung? Berlin 2003, S. 97

Land verlassen haben. Danach waren es nur in einem einzigen Jahr (1959) weniger als 200.000, die von Ost- nach Westdeutschland abwanderten. 1950/51 waren es 350.000, 1959 dann 144.000.
H. Wendt beziffert nach westdeutschen Quellen die Zahl der Übersiedler aus der DDR in die Bundesrepublik bis 1961 *über Notaufnahmelager* auf **2,6 Mio**. Die Gesamtzahl der Abgewanderten dürfte also noch erheblich höher sein.

Die Ausstellung „Flucht im geteilten Deutschland – Erinnerungsstätte Notaufnahmelager Marienfelde", wie auch das Begleitbuch zur Ausstellung, enthalten u.a. eine Statistik der Antragsteller Notaufnahme in Relation zur „Wanderungsstatistik Zuwanderung aus der DDR incl. Ost-Berlin in die Bundesrepublik ohne West-Berlin" für **1949 bis 1990** (in Tausend). Als Gesamtzahl werden hier **4 961,6** genannt.[18]
S. Wenzel verweist auf die Angaben zur Abwerbung/Abwanderung aus der DDR in die Bundesrepublik in einem internen Material der Staatlichen Plankommission der DDR *(SPK)* von Anfang der 1960er Jahre für den Zeitraum von 1951 bis 1961: „1951 *140.677*, 1952 *162.644*, 1953 *264.382*, 1954 *150.488*, 1955 *242.377*, 1956 *289.954*, 1957 *273.716*, 1958 *160.684*, 1959 *81.073*, 1960 *159.768*, 1961 *178.803*. ... Die Gesamtzahl der Abgewanderten beläuft sich nach diesen Angaben für den Zeitraum 1951 bis 1961 auf rund **2,1 Millionen** Personen."[19]

Die Gründe und Motive für Republikflucht in den Westen reichten von: Familienzusammenführung, Enttäuschung über undemokratische Entwicklungen, Angst vor Bestrafung nach kriminellen Handlungen oder vor politischer Verfolgung, bis zum ganz alltäglichen Streben nach sozialer und wirtschaftlicher Besserstellung. Es gab darunter zum Beispiel auch viele, die meinten, sich ihren Unterhaltsverpflichtungen entziehen zu können. Auslöser für's „Abwandern" waren aber oftmals ganz gezielte Abwerbemaßnahmen westlicher Konzerne bzw. Dienststellen.

Für die deutsch-deutsche Ost-West-Wanderung in dieser Zeit sind zwei Phänomene charakteristisch: Es handelte sich zum einen um eine

---

[18] B. Effner, H. Heidemeyer, a.a.O., S 28
[19] S. Wenzel, a.a.O., S. 100. Hvh.: G.U. - Hier sind wohl nur die ausgewiesen, die nachweislich in Folge von **direkter Abwerbung** abgewandert sind.

„Massenabwanderung des Bürgertums und der Mittelschichten, der Selbständigen und der Gebildeten. ... Zurück blieb die Arbeiterschicht." [20]
Zum anderen waren aber von den absoluten Zahlen her die meisten Abwanderer aus der DDR ihrer sozialen Stellung nach Arbeiter und Angestellte. Dadurch vor allem, durch massenhafte Abwanderung eines beachtlichen Teils der real und unmittelbar in der materiellen Produktion, bei ihrer Leitung und in der Verwaltung arbeitenden Bevölkerung, ist der wirtschaftliche und soziale Aufschwung im Osten Deutschlands von den Anfangsjahren an entscheidend beeinträchtigt worden.
Als *ein Beispiel* sei aufgeführt: Es flohen schätzungsweise 70.000 Arbeiter und Angestellte, die von den DDR-Behörden zum Einsatz in der *Wismut* zum Uran-Bergbau zwangsrekrutiert werden sollten, nach Westdeutschland.
Und durch die Zuwanderung dieser Arbeitskräfte nach Westdeutschland in großer Zahl ist dort der wirtschaftliche Neuaufbau entscheidend befördert worden. Auch darauf wird noch näher einzugehen sein.

Unter den Flüchtlingen und Übersiedlern von Ost- nach Westdeutschland waren zu jeder Zeit, wie ja auch anderswo, neben Andersdenkenden: Glücksritter, Abenteurer und Kriminelle. Zuweilen nicht ganz ohne Grund begegneten viele Westdeutsche in den ersten Jahren manchen Übersiedlern aus der „Ostzone" und dann der DDR mit großer Skepsis. Sie sahen in vielen von ihnen Arbeitsscheue, Absteiger, Streuner, Weltenbummler. Andere wiederum betrachteten die Republikflüchtlinge aus dem Osten als ganz und gar nicht willkommene Konkurrenten auf dem Arbeitsmarkt.
Die Statistiken belegen die enge Wechselbeziehung der Zahlen der Fluchtbewegung nach Westen mit der ökonomischen und politischen Lage in der DDR sowie der Gesamtsituation im Kalten Krieg zwischen West und Ost. Besonders anschaulich tritt das nach dem Beschluss der II. Parteikonferenz der SED 1952 zum planmäßigen Übergang zur Schaffung der Grundlagen des Sozialismus in der DDR und der Krise im Zusammenhang mit den Ereignissen des 17. Juni 1953 zu Tage:
Die „Notaufnahmestatistik" [21] weist für das Jahr **1953** *„331,4"* als höchste Zahl der jährlichen Antragsteller im Zeitraum von 1949 bis 1990 aus (in Tausend). Die „Wanderungsstatistik" nennt für 1953 insgesamt *„408,1"* Zuwanderer aus der DDR incl. Ost-Berlin in die Bundesrepublik ohne West-Berlin (in Tausend).

---

[20] P. Nolte, DIE ZEIT; Nr. 2/2001, S. 7
[21] B. Effner, H. Heidemeyer, a.a.O., S. 28

„Den schärfsten Einschnitt in der Zahlenkurve bedeutete der Mauerbau vom 13. August **1961**, der den Flüchtlingsstrom zu einem Rinnsal werden ließ. Kamen im Juli 1961 noch 30415 Menschen in die Aufnahmestellen, so waren es im Dezember des gleichen Jahres nur mehr 2420." [22]
Die Notaufnahmestatistik weist für **1962** nur noch *„21,4"* Antragsteller, die Wanderungsstatistik für das gleich Jahr nur noch *„15,3"* Zuwanderer aus (wiederum in Tausend).[23]

"Für die meisten Flüchtlinge begann der Neuanfang im Westen mit einer Odyssee durch überfüllte Aufnahme-, Durchgangs- und Wohnlager, die Länder und Gemeinden notdürftig einrichteten."[24] Viele DDR-Flüchtlinge haben Wochen und Monate in diesen westdeutschen *„Auffanglagern"* verbracht. Besonders deprimierend war die Situation für viele Jugendliche DDR-Flüchtlinge, die ohne Eltern oder Angehörige in den Westen kamen. Von den ca. 700 000 Jugendlichen, die von 1949 bis 1955 in die Bundesrepublik gekommen sind, wurden viele in spezielle, nach Geschlechtern getrennte Jugendlager eingewiesen. Sie waren „abgehauen", um *im „freien Westen"* ihr Glück machen zu können – und fanden sich nun unter Lagerzwang wieder! Sie sahen sich konfrontiert mit einem ihnen völlig fremden bürokratischen Dschungel von Aufnahmelager, Wohnungsamt, Arbeitsamt, Sozialamt, Passamt, Ausgleichsamt usw.. Viele haben sich im Westen oft auch noch Jahre später, nachdem sie dort mit Unterstützung der Behörden Arbeit, Wohnung und Auskommen gefunden hatten, fremd gefühlt.

Das Hauptproblem bestand aber darin: Es wanderten nicht einfach Menschen „von Deutschland nach Deutschland". Indem sie den Wechsel von dem einen nach dem Zweiten Weltkrieg entstandenen deutschen Staat in den anderen deutschen Staat vollzogen, bewegten sie sich über die immer tiefer werdende Systemgrenze zwischen Ost und West. Aus Ostdeutschland gingen viele Menschen nach dem Westen, deren „Seitenwechsel" einen großen, unwiederbringlichen Verlust für den Wiederaufbau nach dem Krieg in diesem Teil Deutschlands darstellte. Es gingen in großer Zahl **Facharbeiter, Handwerker, Ingenieure, Landwirte, Angestellte, Ärzte, Lehrer, Kunst- und Kulturschaffende und andere Intellektuelle**. So gingen in diesen Jahren 15.000 Studenten, 2.500 Hoch-

---

[22] a.a.O., S. 29, Hvh.: G.U.
[23] a.a.O., S. 28
[24] Ch. Brecht in: B. Effner, H. Heidemeyer, a.a.O., S. 86

schullehrer, 40.000 Lehrer und 6.000 Ärzte. Es gingen z. B. von 1954 bis 1959 mehr als 664.000 Jugendliche im Alter bis 25 Jahre.

Die Abwanderung erfolgte überwiegend - allen immer wieder aufkommenden anderslautenden politisch-ideologischen Behauptungen in Ost und West zum Trotz – **aus handfesten ökonomischen Gründen**. Die Abwanderer gingen weg auf der Suche nach Arbeit und befriedigenden beruflichen Perspektiven. Sie gingen weg aus Enttäuschung und Zorn über die Demontage der Industriebetriebe durch die Besatzungsmacht, über das geringe Tempo beim Wiederaufbau. Viele gingen, weil sie ganz einfach „besser leben" wollten. [25] Und in der Bundesrepublik waren *(und sind)* sie als willige und zugleich billige Arbeitskräfte gefragt.

Diese letztlich ausschlaggebenden ökonomisch-sozialen Hintergründe und Motive für die massenhafte Abwanderung aus der DDR und Zuwanderung in die Alt-Bundesrepublik können nicht mit Verweisen auf oftmals sowohl von West als auch von Ost extrem aufgebauschte ideologische Kampagnen zur „Republikflucht" verdeckt oder vertuscht werden. Seinerzeit zur Republikflucht angefertigte offizielle Berichte oder Teilanalysen von Ost *und* West sind immer vor allem unmittelbar den jeweiligen Gegner ideologisch-diffamierend angelegt. Politisch-ideologische Motive wurden aufgebauscht, soziale und wirtschaftliche Beweggründe und auch die ökonomischen Auswirkungen – *negativ* auf der einen und *positiv* auf der anderen Seite – heruntergespielt. Ein objektiver Beleg hierfür ist ja u.a. auch die letztlich entgegen allen anderslautenden Behauptungen relativ geringe Anzahl der im Westen überhaupt als „politische Flüchtlinge" Anerkannten.

1952 hatte die SED-Führung beschlossen, in der DDR zum „planmäßigen Aufbau der Grundlagen des Sozialismus" nach sowjetischem Vorbild überzugehen. Damit sollte vor allem den fortwährenden massiven Versuchen zur Untergrabung einer vom Westen unabhängigen Entwicklung in Ostdeutschland in Anlehnung an die Sowjetunion ein Riegel vorgeschoben werden. Damit wurde aber zugleich den Grundgedanken für die von *Anton Ackermann, Rudolf Herrnstadt* u.a. entwickelten Konzept eines „besonderen deutschen Weges zum Sozialismus" endgültig und offiziell die Absage erteilt. Die politische und ökonomische Situation im Osten Deutschlands spitzte sich zu. Mit der Ablehnung aller Versuche, doch noch einen

---

[25] so auch: Roesler, a.a.O., S. 9f., 50; u. a.

Weg zur Herstellung der Einheit Deutschlands offen zu halten, wurde es zur Gewissheit, dass die endgültige deutsch-deutsche Spaltung nicht mehr aufzuhalten war.

Im Zusammenhang mit den Ereignissen des 17. Juni 1953 wurden schlaglichtartig wie in einem Brennglas die Wechselwirkungen zwischen ökonomischer Entwicklung, politischen Fehlentscheidungen der SED-Führung und Abwerbung, Republikflucht bzw. Abwanderung aus Ostdeutschland deutlich. **Ursache** und Hauptgrund für die Unruhen im Frühsommer 1953 und dann des Aufstandes vom 17. Juni war die Verschlechterung der Lebenslage breiter Bevölkerungsschichten, die anhaltende und sich verschärfende Versorgungskrise in der DDR. Alle landwirtschaftlichen Betriebe über 100 Hektar waren entschädigungslos enteignet und die Güter der früheren Großgrundbesitzer auf Kleinbauern und Landarbeiter aufgeteilt worden. Großbauern wurden als „Feinde der neuen Ordnung" bezeichnet, und die staatlichen Organen haben diesen zunehmend Schwierigkeiten bereitet. So durften „Großbauern" mit mehr als 20 Hektar landwirtschaftlicher Nutzfläche nicht in die neu gegründeten landwirtschaftlichen Genossenschaften eintreten. Viele von ihnen entschlossen sich deshalb, oft Hals über Kopf, zur Republikflucht. Sie ließen die Viehställe und Felder im Stich. Die zurückbleibenden Landarbeiter blieben sich selbst überlassen. Trotz der vielen Umsiedler von jenseits der Oder und Neiße fehlten *Fachkräfte*, die das Land und das Vieh hätten effektiv bewirtschaften können. Die Versorgung der Bevölkerung mit Nahrungsmitteln war ernsthaft gefährdet.

Anlass und Auslöser für die Arbeitsniederlegungen und Demonstrationen von Bauarbeitern und Beschäftigten anderer Industriezweige in Berlin und in anderen Städten Ostdeutschlands waren die administrativen Maßnahmen von Partei und Regierung zum forciertem Aufbau des Sozialismus, zur 10%igen Normerhöhung, zur Verschärfung der Besteuerung privater Unternehmer sowie der Zoll- und Reiseregelungen nach Westdeutschland. Die auf Grund dieser inneren Ursachen und Anlässe an verschiedenen Orten ausbrechenden spontanen Proteste, Arbeitsniederlegungen und Aufmärsche waren von Westberlin und Westdeutschland aus agierenden Agenten und Provokateuren willkommener Anlass, um die verärgerten Demonstranten zum „Volksaufstand" und zum Umsturz der politischen Ordnung anzustacheln. Sie meinten, jetzt sei endlich *ihr „Tag X"* gekommen.

Bundeskanzler *Adenauer* bekundete hierzu ganz offen: „Eine wirkliche Änderung des Lebens der Deutschen in der Sowjetzone kann nur durch die Wiederherstellung der deutschen Einheit in Freiheit erreicht werden."[26] Der Bundestag in Bonn hat dann am 4. 8. 1953 gesetzlich verkündet:
„Der 17. Juni ist ... zum Symbol der deutschen **Einheit in Freiheit** geworden." [27]

Die Bestrebungen, die Demonstrationen der wegen weiterer ökonomisch-sozialer Verschlechterungen verärgerten Massen zum Umsturz der politischen Ordnung in Ostdeutschland auszunutzen, sind dort gewaltsam unterdrückt worden. Zugleich hat die Partei- und Staatsführung der DDR unter *Walter Ulbricht* schwerwiegende Versäumnisse und Fehler im eingeschlagenen politischen Kurs eingestehen müssen. Es war klar geworden, dass die Verärgerung großer Teile der Bevölkerung, weitere Unruhen und *vor allem die weitere Abwanderung in den Westen* nur gestoppt werden können, wenn das Lebensniveau in Ostdeutschland schrittweise real angehoben wird. Die dann hierzu eingeleiteten Maßnahmen und der (vorübergehend eingeschlagene) „neue Kurs" haben eine relative Konsolidierung bewirkt. Sie haben dazu beigetragen, dass u. a. auch die Zahl der Ausreisenden zumindest vorübergehend, z. B. in den Jahren 1958/59 relativ zurückgegangen ist. 1960 gingen aber wieder ca. 200.000 nach dem Westen.

Viele Intellektuelle sowie Kunst- und Kulturschaffende, aber auch ganz bestimmte Gruppen von Facharbeitern wurden vom Westen ganz gezielt aus Schwerpunktbereichen abgeworben. Fachkräfte wurden für den wirtschaftlichen Aufbau mit den Mitteln der Marshall-Planhilfe in Westdeutschland dringend gebraucht. Sie wurden mit verlockenden Angeboten zum Seitenwechsel „gelockt". Insoweit spiegeln die Feststellungen *Erich Honeckers* in seiner Persönlichen Erklärung im Prozess gegen die Mitglieder des Nationalen Verteidigungsrates der DDR wegen der Toten an der Mauer 1992 historische Abläufe korrekt wider:
„Die Bundesrepublik hatte durch den Marshallplan und durch geringere Reparationsleistungen weniger an den Kriegsfolgen zu tragen. Sie hatte mehr Naturreichtümer und ein größeres Territorium. Sie nutzte diese vielfache Überlegenheit gegenüber der DDR in jeder Hinsicht, besonders

---

[26] Regierungserklärung am 17. Juni 1953 im Bundestag
[27] Gesetz über den Tag der deutschen Einheit, BGBl I, Nr. 45, S. 778 – Hvh.: G.U.

aber dadurch aus, dass sie DDR-Bürgern materielle Vorteile versprach, wenn sie ihr Land verließen. Viele DDR-Bürger erlagen dieser Versuchung und taten das, was die Politiker der BRD von ihnen erwarteten: Sie `stimmten mit den Füßen ab´."²⁸

In den 19hundertfünfziger Jahren hat die Bundesrepublik mit ihrer „Politik der offenen Arme" die Weichen gestellt für vielfältige Anreize und Vergünstigungen, die Republikflüchtlingen die Integration in den Westen erleichtern bzw. ermöglichen sollten. Es wurde offensichtlich: Die Flucht Hunderttausender „nach dem Westen bedeutete die Schaffung einer großen Propagandaarmee im Westen, die sich gegen den Osten, gegen die DDR wendet." *(O. Grotewohl)* Die damals und bis heute immer wieder wiederholten Behauptungen im Westen, die Abwanderung aus der DDR sei weitestgehend aus *politischen* Gründen erfolgt und nicht vom Westen beeinflusst worden, widersprechen offenkundig den objektiven historischen Fakten.

Jede/r, die/er wegging, war bemüht vor allem zur eigenen Rechtfertigung für gerade *sein* Weggehen eine „Begründung" zu benennen. Sie/er versuchte vornehmlich auch den Dableibenden im Nachhinein ihren/seinen Schritt irgendwie zu erklären. Die meisten gingen im Streben nach einem für sie persönlich *„besseren Leben in Freiheit"* von heute auf morgen, ließen alles stehen und liegen: Verwandte, Arbeitskollegen, Patienten, Schüler, Studenten usf.. In den Betrieben, auf den Bauernhöfen, in den Krankenhäusern, in den Schulen usw. fehlten oft von einem Tag auf den anderen wichtige Fachleute. An vielen Oberschulen im Berliner Umland, aber auch in Sachsen und Thüringen, fehlten nach den großen Ferien eine ganze Anzahl Schüler der 11. und 12. Klassen. Sie waren abgehauen, um im Westen das 13. Schuljahr zu absolvieren, um dann mit einem – wie sie meinten – „vollwertigen Abitur" *dort* studieren zu können. Verschwunden waren aber genauso auch viele Lehrer, darunter auch vormalige Schuldirektoren, die ohne jede Ankündigung in den Westen gegangen sind. Der sozialistische Staat hatte in die Ausbildung und soziale Absicherung der Facharbeiter, Ingenieure, Lehrer und Ärzte investiert. Und dann waren diese plötzlich nach Abschluss der 12. Klasse bzw. nach Absolvierung des Studiums einfach verschwunden. Ohne jede Ankündigung abgehauen, „rübergemacht". Die Dagebliebenen verwiesen zu Recht auf die klaffende Lücke zwischen Nehmen und Geben im Verhalten dieser Republikflüchtigen, die allein ihrem persönlichen Vorteil nachgegangen sind. Die dabei

---

[28] Neues Deutschland vom 4. 12. 1992, S. 5

zugleich aber eben auch als Schachfiguren in der sich immer mehr zuspitzenden Systemauseinandersetzung zwischen West und Ost, im gnadenlosen Kampf zum roll-back des Realsozialismus missbraucht worden sind.

Anna Seghers schildert in ihrem Roman „Die Entscheidung" *(1959)*, welche Konsequenzen sich für die Arbeiter eines Stahlwerks nach der Republikflucht des Direktors und vieler Ingenieure nach Westdeutschland ergaben. Und in ihrem Roman „Das Vertrauen" zu den Ereignissen und Hintergründen des 17. Juni 1953 [29]; hat sie sich gründlich mit den Motiven und Problemen der Republikflucht in den fünfziger Jahren auseinander gesetzt. Sie beschreibt anschaulich die Zusammenhänge von „Weggehn und Bleiben" in dieser Zeit. *(S. 30)*.
Sie schildert aus ihrer Sicht, *warum* damals so viele Menschen „weggegangen", „rüber gegangen", „abgehauen", „getürmt", „verduftet" sind, sich „abgesetzt" haben. Sie schildert, wie, mit welchen Methoden wichtige Fachleute von Westdeutschland aus abgeworben, mit Handgeld und Kopflohn „herüber geholt" worden sind. Wie sie regelrecht „aus der Ostzone vertrieben" worden sind.
Bezogen auf den konkreten Fall eines verdienstvollen Direktors eines Großbetriebes in Ostdeutschland nach Kriegsende, der mit erfundenen Verdächtigungen belastet worden ist und dann ganz abrupt abgehauen war, schreibt *Anna Seghers*: „Sie haben ihn herübergetrieben".
Sie schildert, wie in der Aufbruchszeit, im Ringen um einen Neuanfang, um *Vertrauen* der Menschen zum neuen Staat, um Durchsetzung höherer Arbeitsnormen zur Steigerung der Produktion gegensätzliche Positionen auf einander geprallt sind. Wie sich unterschiedliche Standpunkte verhärtet, wie Misstrauen, Verdächtigungen, Beobachtung und Einschüchterung sowie eben auch Druckausübung auf Menschen mit anderen Ansichten zugenommen haben. Auseinandersetzungen zu Einzelfragen spitzten sich zu Konflikten zu: Bist Du *für* uns, oder bist Du *gegen* uns! Viele, die damit nicht zurecht kamen, sind – meist über Westberlin – einfach abgehauen. Weil über ihre Köpfe hinweg entschieden worden ist, weil sie sich ungerecht behandelt fühlten.
Anna Seghers schreibt zu einem „Vorfall im Winter zweiundfünfzig auf dreiundfünfzig", wie er sich im Land tausendfach abgespielt hat:
„... Der Lehrer *Franz Woida* hatte sich kurz nach den Weihnachtsferien

---

[29] A. Seghers, Die Entscheidung, Berlin 1959; dies., Das Vertrauen, Berlin und Weimar 1968

abgesetzt, wie man es nannte, wenn jemand überraschend nach Westdeutschland zog.
Solch ein Wechsel, manchmal bedächtig wie ein gewöhnlicher Umzug, manchmal fluchtartig, war schon oft geschehen. Manches Feld lag brach. Manches Geschäft war plötzlich geschlossen. Kranke warteten bisweilen umsonst auf ihren Arzt, Lehrlinge in Gärtnereien oder Werkstätten oder Fabriken auf ihren Meister. Sogar zwei Lehrer aus Freienheide waren kurz vorher plötzlich verschwunden. Jeder hatte zu seinem Weggehen einen besondren und alle zusammen denselben Grund. Was sich in diesem Teil Deutschlands begab, noch vor vier Jahren russische Zone genannt, war eine ruckweise, manchmal scharf einschneidende, manchmal nur langsam fühlbare Veränderung. Es gab Menschen, die diese Veränderung fast wie im Fieber erwartet hatten. Manchmal in Lagern und Gefängnissen. Jetzt kam ihnen jede Schwierigkeit, jeder Verdruß bedeutungslos vor, verglichen mit den ersten Spuren des neuen Lebens. Es gab Menschen, die argwöhnisch aufhorchten und sich mit jeder Schwierigkeit quälten; einige liefen davon, weil ihnen das Leben, das man neu hieß, eintönig vorkam und sie sich sehnten nach Abenteuern, die sie nicht gefunden hatten in diesem veränderten und zugleich stillen Land.
Für *Franz Woida* galt aber kein einziger dieser Gründe. ... An ihm hingen die Kinder, fühlten sich besser in der Schule als daheim." *(S. 251/252)* Ihm, ihrem Lehrer, hatten sie alle Fragen stellen können, ihm hatten sie vertraut - *und nun war er einfach abgehauen!*
Er war abgehauen „wegen einem Weibsbild", wegen einer Frau, die er meinte zu lieben. Als er einsehen musste, dass diese Frau nicht mit ihm in den Osten zurückgeht, kam er wieder zu sich, ging zurück nach F.; meinte, man würde ihn dort an der Schule sofort wieder einstellen. Seine Mutter musste ihm klar machen: „... Ob er sich nicht geschämt hätte? Er, der an der Schule gehangen hatte. `Und du bist kein Schlosser, und du bist kein Zahnarzt. Du hast keine falschen Zähne im Stich gelassen und keine Schrauben und Hämmer, du hast die Kinder im Stich gelassen.
Wie du dich darum gerissen hast, Lehrer zu werden! Nun haben die dich aus der Lehrerliste gestrichen.` *Franz* hielt es nicht für möglich, dass er gestrichen sei." *(S. 258)* – Aber die Behörden hatten ihn bereits gestrichen, hatten entschieden, dass er nicht zurück durfte an „seine Schule". Er musste zusehen, mit Gelegenheitsarbeiten über die Runden zu kommen, musste sich „bewähren" ...

Viele haben sozusagen legal Ausreiseanträge gestellt - aus Verärgerung über ganz konkrete drangsalierende Maßnahmen der staatlichen

Behörden, über Enteignung, Überwachung, Gängelei und Bevormundung. Sie sind lukrativen Angeboten westdeutscher Firmen gefolgt. Ingenieure, Ärzte, Lehrer usw. waren verärgert über ideologische Disziplinierungen und sachlich nicht zu rechtfertigende bürokratische Auflagen. Andere, die gleichfalls verärgert waren über das langsame Vorankommen, über die Mühsal der angestrengten Arbeit, über Trostlosigkeit und Anordnungen und Befehle über die Köpfe der Menschen hinweg, die aber dageblieben waren, wurden zu Feinden der neuen Ordnung. Sie waren auf die Parolen und Versprechungen aus dem Westen herein gefallen, haben sich am *„Tag X"* beteiligt. Um so größer waren die Ernüchterung und Enttäuschung, als die Demonstrationen und Streiks gewaltsam unterbunden wurden.

Ernüchterung und Enttäuschung gab es nach diesem 17. Juni nicht nur bei denen, die erlebt hatten, dass mit Demonstrationen und Streiks keine Verbesserungen erreicht werden konnten. Sondern vor allem auch bei all denen, die sich mit ganzer Kraft für den Arbeiter-und-Bauern-Staat einsetzten. Die zur Kenntnis nehmen mussten, wie viele Menschen immer noch gegen die neue Ordnung waren, die noch nicht begriffen, nicht begreifen wollten, welche Möglichkeiten für ein besseres, gerechteres Leben der Sozialismus eröffnen kann. Die sich gefragt haben:

„Wieso ist alles gekommen? Warum waren unsre Leute so tief verbittert? Hab ich selbst eine Schuld? Gewiß. Worin liegt meine Schuld? ..." Die einsehen mussten, wie einer der Helden bei *Anna Seghers* folgert: „Du warst den Menschen nicht nah genug. Du hast nicht genug gewusst. Von den Menschen nicht und auch nicht von ihrer Arbeit." *(S. 388)* „Du kannst niemand durch Befehle verändern. Oder durch Anordnungen, die wie Befehle klingen. Es darf nicht befohlen werden, sondern verstanden und vorgeschlagen." *(S. 294/295)*

Oft auch angestachelt von westlichen Abwerbern haben viele Menschen, die sich über Unvollkommenes, über Unfähigkeit oder falsche Beschlüsse im Arbeiter-und-Bauern-Staat geärgert haben, einfach den für sie vermeintlich geringsten Weg des Widerstands gewählt, wurden republikflüchtig und haben damit sich und die Zurückbleibenden im Kleinen wie im Großen in schwere Konflikte und Auseinandersetzungen gestürzt.

Mit der gleichen Eindringlichkeit schildert *Werner Bräunig* (Jahrgang 1934) in seinem Wismut-Roman aus den 1950er Jahren „Rummelplatz" [30], wie in

---

[30] Manuskript des 1. Bandes insgesamt abgeschlossen 1965, als Buch veröffentlicht erst Berlin 2007

den Jahren nach dem Krieg bis zum Sommer 1953 junge Menschen und alte Kommunisten den Neuanfang für eine bessere Gesellschaft erlebt haben und gestalten wollten. Er schreibt ganz direkt und ungeschminkt aus tiefer sozialistischer Überzeugung, unter welchen Schwierigkeiten und mit welchen übermenschlichen Anstrengungen die Grundsteine für den Arbeiter-und-Bauern-Staat in Ostdeutschland gelegt worden sind. Er stellt die soziale Wirklichkeit jener Jahre real dar. Schildert wahrheitsgetreu die zum Teil mörderischen Bedingungen in der Produktion – eben nicht so, wie diese oft in schöngefärbten Berichten karrierebeflissener Funktionäre dargestellt wurden.

Er schildert offen die Schwierigkeiten und das Ringen junger Menschen, die sich zwischen Ost und West entscheiden mussten. Und er hat aufgeschrieben, welche Auswirkungen es hatte, wenn in diesen Jahren viele nach Westdeutschland geflohen sind:
„Die Nachricht von der Flucht der Betriebsleitung verbreitete sich in der Papierfabrik mit unglaublicher Geschwindigkeit. ... Die ersten Reaktionen reichten von dumpfsinnigem Gleichmut bis zu hämischer Freude, von der Kopflosigkeit bis zur finsteren Entschlossenheit. ... Die Ausmaße der Flucht waren vorerst nur wenigen bekannt, die Auswirkungen noch gar nicht abzusehen. ... Was soll nun werden? Können wir denn weiterarbeiten ohne Leitung? Muss der Betrieb stillgelegt werden? Es sind doch alles gescheite Leute. ...
Es gab aber auch welche, denen diese Flucht die Augen öffnete; aufgeschreckt aus Unglauben und Gleichgültigkeit, sahen sie: es muss doch jemand ein Interesse daran haben, dass wir nicht herauskommen aus dem Dreck. Sie begannen zu begreifen, dass alles, was dem Werk geschah, auch ihnen angetan wurde. Und in vielen erwachte der Trotz...." *(S. 396ff.)*
Bräunig berichtet, wer alles in diesen Jahren nach dem Westen gegangen ist. Wie die Abwerbung funktioniert hat, welche Ursachen und Anlässe viele Menschen bewogen haben, einfach zu verschwinden. Und er listet eine ganze Reihe Unzulänglichkeiten, Mängel und eben auch Fehler in der Politik von Partei und Regierung auf, die Menschen unterschiedlicher sozialer Schichten veranlasst haben, wegzugehen.
Einer seiner Schlüsse lautet: „Das Gute muss auch gut gemacht werden, es ist sonst das Gute noch nicht. Das hat mal einer gesagt. Und das ist wohl von diesem und jenem ungenügend berücksichtigt worden. ..."
(S. 595)
Mit Bezug auf die Demonstrationen im Juni 1953 lässt *Bräunig* einer seiner Helden fragen. „Hat denn das keiner kommen sehen?" *(S. 611)* „Was

haben wir versäumt, wenn die Arbeiter ihnen auf den Leim gehen, ... was haben wir falsch gemacht, wenn sie uns nicht mehr vertrauen? Er war voller Bitterkeit und Zorn." *(S. 596)* Er schildert die Enttäuschung, ja Verzweiflung von Kommunisten, die feststellen mussten, dass nur eine Minderheit der Bevölkerung hinter ihnen stand.

Und in seinen Schilderungen zu Konsequenzen aus der Republikflucht vieler verschweigt er auch nicht: „Die leeren Plätze waren plötzlich in allen Köpfen. Jeder rechnete sich schnell seine Chancen aus. ... Unter den Flüchtigen (waren) ja mindestens drei, vier Maschinenführer, der Ingenieur Gerber und der technische Direktor, der Betriebsleiter Kautsky und der kaufmännische Direktor." *(S. 397)*

Auch *Christa Wolf* hat z.B. in ihrer Erzählung „Der geteilte Himmel"[31] minutiös die Zweifel und die schweren seelischen Konflikte geschildert, die sich in diesen Jahren für junge Menschen ergeben haben, die sich für das eine oder das andere System entscheiden mussten. Die Konflikte, die zwischen nahestehenden Menschen aufgerissen wurden, wenn wieder einer der Verwandten, Kollegen oder Bekannten Hals über Kopf abhauen wollte oder mir nichts dir nichts abgehauen war. Einer von denen, die enttäuscht oder verzweifelt waren über in der Hektik des Voranschreitens getroffene – wie die Betroffenen meinten – ungerechte Entscheidungen oder erlittene Kränkungen. Über das aufreißende Missverhältnis von einerseits richtigen Zielstellungen, Utopien, schönen Worten und Losungen von *„sozialistischen Perspektiven", „Gerechtigkeit"* und *„Wahrhaftigkeit"* und aber andererseits oftmals Unvermögen verantwortlicher Funktionäre, Schönfärberei, Egoismus, Herzlosigkeit, Misstrauen und Unaufrichtigkeit.

Sie schildert vor allem die emotionalen Belastungen der *Dableibenden* und *Dagebliebenen*, also derjenigen, die trotz aller Sorgen und allen Ärgers über Unzulänglichkeiten und Fehler beim Versuch, eine neue gesellschaftliche Ordnung zu errichten, eben *gerade nicht weggelaufen* sind. In welche tiefen Nöte die Freundin, die Verwandten und Bekannten von Republikflüchtigen stürzten. Welchen Drangsalen und Strafmaßnahmen diejenigen ausgesetzt wurden, die ihnen bekannt gewordene geplante bzw. auch nur vermutete Republikfluchten nicht unverzüglich den staatlichen Stellen gemeldet hatten. Sie schildert, wie Freundschaften und die „große Liebe" in die Brüche gegangen sind. Wie die politischen Konflikte jener Jahre in das private Leben eingedrungen sind und dieses existenziell verändert haben.

---

[31] Ch. Wolf, Der geteilte Himmel, Halle 1963

Wie Lebensträume einzelner Menschen an der geteilten Welt zerbrochen sind, sich als nicht realisierbare Illusionen erwiesen haben.
Die 19jährige Heldin des Buches entschließt sich letztendlich trotz eines Besuches, den sie ihrem bereits aus der DDR geflohenen Liebsten in West-Berlin abstattet, im Osten zu *bleiben*, in die DDR *zurückzukehren*. Sie entscheidet sich also, trotz tiefster persönlicher Betroffen- und Zerrissenheit, auch trotz ihrer Enttäuschung über viele bereits erlebte Mängel der neuen Ordnung im Osten, zum Bleiben im neu entstehenden sozialistischen System. Konfrontiert mit der Kälte der westlichen Ellbogengesellschaft wird ihr Glauben an den sozialistischen Aufbau, ihre Hoffnung auf den Sozialismus gestärkt.

Auch der 1964 auf der Grundlage des Buches von *Christa Wolf* gedrehte DEFA-Film „Der geteilte Himmel" veranschaulicht eindrucksvoll die dramatischen Konsequenzen, die sich für junge Menschen ergaben, wenn , wie hier, einer in den Westen gegangen, seine Liebste aus eigenem bewussten Entschluss aber in der DDR zurückgeblieben ist. Wobei aus heutiger Sicht richtiggehend betroffen macht, mit welcher Intensität viele ehrliche Menschen und auch die Filmemacher seinerzeit an eine erfüllte sozialistische Perspektive geglaubt haben.

Der Vollständigkeit halber ist hier darauf zu verweisen, dass *Christa Wolf* in ihrem Roman „Kindheitsmuster" [32] auch eindringlich die Probleme behandelt hat, die sich für die Umsiedler aus den vormals deutschen Ostgebieten ergeben haben. Dabei schreibt sie ausdrücklich nicht nur von „Umsiedlung", wie es im offiziellen Sprachgebrauch der DDR üblich war, sondern von „Flucht" und „Vertreibung".

Auch in einer ganzen Reihe weiterer DEFA-Filmen sind in den 19hundertfünfziger und -sechziger Jahren Hintergründe und Folgen von Abwerbung und Republikflucht dargestellt worden. Zum Beispiel bereits 1950 in den Filmen „Der Auftrag Höglers" und „Familie Benthin", 1954 „Alarm im Zirkus", in denen Konsequenzen geschildert wurden, die sich aus der Flucht von Unternehmern und Akademikern in den Westen für die Zurückbleibenden ergaben.

Aber zurück zu den Konsequenzen der Republikflucht zu DDR-Zeiten: In all den Jahren der Existenz der DDR bekamen die zurückbleibenden

---

[32] Ch. Wolf, Kindheitsmuster, Berlin und Weimar 1976

Verwandten von Republikflüchtigen oftmals drastische Maßnahmen der Sicherheitsorgane, Parteigremien und Verwaltungsorgane zu spüren. Zur Abschreckung erfolgten rigorose Maßregelungen. Versetzungen, Entlassungen, Parteistrafen und -ausschlüsse haben in vielen Fällen harte seelische Belastungen ausgelöst. In ihrer Folge sind Familienbeziehungen, berufliche Karrieren und Lebenswege vieler Menschen zerbrochen.

Natürlich haben sich auch damals viele gefragt, ob solche Maßnahmen – oft auch gegen völlig Unbeteiligte – sinnvoll oder auch nur angebracht seien. Ob und wie solche rigorosen Maßregelungen gegen Unbeteiligte gerechtfertigt werden könnten. Hierzu ist festzuhalten: Zum Schutz gegen die vielfältigen Machenschaften vom Westen aus zur Zurückdrängung des Sozialismus, vor Unterwanderung, Umsturzversuchen und Abwerbung war der erste Arbeiter-und-Bauern-Staat auf deutschem Boden gezwungen, erhebliche Mittel für wirksame Sicherungsmaßnahmen aufzuwenden. Es musste u.a. verhindert werden, dass Abwerber und Schleuser vom Westen aus Spezialisten, Intellektuelle und Facharbeiter mit Versprechungen, bzw. Erpressung und massiven Drohungen zum Verlassen der DDR überreden bzw. zwingen.

Erst einmal harmlos anmutende persönliche Kontaktaufnahmen zu Ostdeutschen waren oft nur erste Schritte zu Abwerbung und realisierter Republikflucht. Zehntausende Beispiele belegen, dass familiäre Bindungen, freundschaftliche Beziehungen und persönliche Interessen als Anknüpfungspunkte dafür benutzt wurden, aus sensiblen Bereichen Fachleute und sogenannte „Geheimnisträger" in großer Zahl zum illegalen Verlassen der DDR zu bewegen, sie „herüber zu holen", um damit – klipp und klar gesagt – den Sozialismus zu schädigen und damit zugleich die bundesrepublikanische Wirtschaft zu fördern.

Das führte dann aber dazu, dass sich in der DDR schleichend flächendeckend eine Atmosphäre fortwährender Beobachtung, des Ständig-Sich-Beobachtet-Fühlens und wechselseitigen Misstrauens ausgebreitet hat. Bis in Kollegen-, Familien- und Freundschaftsbeziehungen hinein beargwöhnte einer den anderen. Vielerorts beherrschte ein diffuses Geflecht von Zuverlässlichkeit und Unzuverlässlichkeit, von Vertrauen und Misstrauen diese vielschichtigen Beziehungen. Mündlich und schriftlich „berichtete" einer über andere. In so manchem Fall war das gewiss richtig und berechtigt, um die Machenschaften zur Unterhöhlung der DDR vom Westen aus unterbinden bzw. eingrenzen zu können. Dieses ständige Beobachten, Beargwöhnen und Verdächtigen vieler als potenzielle *„Gegner"* oder *„Feinde"* und ihre Maßregelung haben aber mit den Jahren das Vertrauen doch recht

großer Teile der Bevölkerung zum Staat und zu den Behörden untergraben, ausgehöhlt.
Untergraben und zerbrochen sind unzählige persönliche Kontakte und Beziehungen. Viele Menschen fühlten sich ungerecht behandelt, ständig überwacht. Sie gewöhnten sich deshalb, lediglich *nach außen hin*, also im Betrieb, in der Öffentlichkeit, konformes Verhalten zu zeigen. Die tatsächlichen Ansichten, insbesondere auch über West und Ost, über „Hüben und Drüben", über „Bleiben oder gehen" suchte man zu verbergen, für sich zu behalten.

Dabei hatten viele Bürger der DDR – viel mehr als im Betrieb, im Kollegenkreis bekannt, darunter „Geheimnisträger" und auch viele Leute in herausgehobenen Positionen, also sozusagen Angehörige der Eliten der Partei und des Staates – Verwandte und Bekannte in Westdeutschland. Das war, wenn man die historischen Abläufe auf deutschem Boden betrachtet, eigentlich ganz normal und verständlich. Das wurde aber verschwiegen, musste verschwiegen werden, durfte öffentlich nicht bekannt werden, zum Beispiel wenn man Karriere machen wollte. All diese „West-Kontakte" waren aber vielfach den Sicherheitsorganen bekannt. Darauf bezogen wurde konformes Verhalten abgefordert, oftmals regelrecht erpresst.
Und in gar nicht so seltenen Fällen sind ja diese bestehenden Beziehungen über die Grenze hinweg auch ganz gezielt von Staats wegen ausgenutzt worden zu vielfältigen Aktivitäten der Information, der Kontaktaufnahme, der Unterstützung Benachteiligter und Verfolgter in Westdeutschland, usw..
Und oftmals löste es bis in die Kollegen-Kreise hinein Verwunderung aus, warum gerade diese/r oder jene/r „Karriere" gemacht hat, befördert worden ist, höhere Posten erlangt hat. ...
Auf der anderen Seite hat so manchen DDR-Bürger das Ständig-Sich-Beobachtet-Fühlen und Misstrauen auf Dauer so verunsichert, verärgert, dass er – langfristig im Geheimen vorbereitet oder auch oft einfach Hals über Kopf – in den Westen abgehauen ist.
Gordon A. Craig schreibt: „Die Flucht war nicht schwer – man brauchte nur nach Berlin zu fahren, in die Westsektoren der Stadt zu gehen und um Hilfe beim Flug in den Westen zu bitten – und die Zahlen derer, die dies taten, nahmen bald peinliche und wirtschaftlich ruinöse Proportionen an.
Zwischen 1949 und Anfang 1961 betrug der Exodus jährlich im Durchschnitt 230 000 Menschen. 74% dieser Flüchtlinge waren jünger als 45 und 50% jünger als 25 Jahre. Unter ihnen waren viele Spezialisten, deren Fähigkeiten in der DDR dringend gebraucht wurden, und es gab manche, deren Verlust kaum verborgen bleiben konnte. Im August 1961 belief sich

die Flüchtlingszahl trotz erhöhter Wachsamkeit der Polizei auf 2000 am Tag."[33] „Die ununterbrochene Meinungsüberwachung ... machte lebendigen und begabten Menschen das Leben in der DDR unerträglich. Viele von denen, die der kommunistischen Sache ideologisch verpflichtet waren, wie *Alfred Kantorowicz* und *Ernst Bloch*, sahen sich zum Verlassen des Landes gezwungen durch *Ulbrichts* periodische Angriffe auf Leute, die er als gefährliche Widersacher betrachtete, wie etwa *Wolfgang Harich*, der zu zehn Jahren Zwangsarbeit verurteilt wurde, weil er intellektuelle Freiheit und eine flexiblere Form des Sozialismus gefordert hatte."[34]

– *Notaufnahmelager Marienfelde* –

Zwischen 1949 und 1990 war das Notaufnahmelager Marienfelde für **1,3 Millionen** Menschen, die aus der DDR nach Westdeutschland kamen, der erste Anlaufpunkt. Die meisten hatten nur den sprichwörtlichen Koffer bei sich und alles andere hinter sich gelassen. Entwurzelt, enttäuscht und verbittert – aber mit der Hoffnung auf einen neuen Anfang hatten sie nun die Verhöre der westlichen Geheimdienste zu durchlaufen. Da sie möglichst als „politische Flüchtlinge" anerkannt werden wollten, erzählten viele abenteuerlichste Geschichten. Im Kalten Krieg sind solche zurecht gezimmerten „Geschichten" von der „Kampfgruppe gegen Unmenschlichkeit" (KgU) und den Westmedien oft zur haltlosen Diffamierung der DDR aufgebauscht und missbraucht worden.
Die Hintergründe, Ursachen, Anlässe und Motive einzelner für den „Weg nach drüben" waren vielschichtig, meist auch sehr widersprüchlich. Viele junge Menschen haben in der DDR für sich persönlich keine Zukunft gesehen, bzw. sie haben sich eingeredet, dass sie dort keine ansprechende Perspektive haben würden. So mancher ging aus Furcht vor staatlichen Maßnahmen, die für nichtkonformes Verhalten angedroht worden waren.

Rolf Bergmann zum Beispiel schildert in seinem anschaulichen Bericht „Damals im Roten Kakadu", wie Oberschüler in Dresden in der Zeit vor dem Bau der Mauer den Entschluss gefasst haben „wegzuziehen". Er zeigt, welche Rolle dabei unter anderem die Begeisterung für Rock`n Roll und die Hit-Parade von Radio Luxemburg gespielt haben. Nachdem der Buch-Held das Abitur-Zeugnis erhalten hatte, war seine letzte „Tat" in seiner Heimat-

---

33 in: Deutschland, Ein historisches Lesebuch, München 1990, S. 396
34 a.a.O., S. 395/396

stadt, dass er an die graue Wand im Treppenflur seiner Schule die Losung gepinselt hat: „SOZIALISMUS + ROCK`n ROLL = FROHE ZUKUNFT"...[35]
Zu Weihnachten 1956 sind fast alle Schüler einer Abiturklasse aus *Storkow* über West-Berlin nach Westdeutschland geflohen, weil die ganze Klasse wegen fünf Schweigeminuten während des Unterrichts für gefallene „Freiheitskämpfer" in Ungarn der Schule verwiesen und mit Abitur-Verbot belegt worden war. Von den West-Medien sind sie wochenlang als „Helden" gefeiert worden.

„Nach Marienfelde kamen Menschen, die sich einem Leben unter der Herrschaft der SED im östlichen Teil Deutschlands entzogen hatten. Wie viele und warum sie kamen, beobachtete die westdeutsche Öffentlichkeit genau, um Aufschluss über die Situation in der DDR zu gewinnen. Die Fluchtbewegung war ein Seismograph der politischen Verhältnisse, der sehr empfindlich reagierte" - schreiben *B. Effner* und *H. Heidemeyer*[36] Der „Weggang" von rund vier Millionen Menschen aus Ostdeutschland „war ein gemeinsamer Faktor in der Entwicklung von West- und Ostdeutschland – mit sehr unterschiedlichen Folgen für Politik, Wirtschaft und Gesellschaft zwar, aber prägend für beide Seiten. ..."
Das Notaufnahmelager Marienfelde war auf dem Weg von Ostdeutschland nach dem Westen „ein Ort des Übergangs und des Dazwischen". „Für die Flüchtlinge war es die *biografische Schnittstelle* zwischen ihrem alten Leben in der DDR und dem ersehnten neuen in der Bundesrepublik."[37]

Es war tatsächlich ein verhängnisvoller Kreislauf: Eine eigenständige Entwicklung in Ostdeutschland mit dem Ziel, unter komplizierten Bedingungen eine sozialistische Gesellschaft aufzubauen, erforderte die Absicherung gegen alle westlichen Störversuche. Notwendige Maßnahmen zur Sicherung und zum Schutz dieser eigenständigen Entwicklung des DDR-Staates, des ersten Versuchs, auf deutschem Boden *Sozialismus* praktisch zu verwirklichen, sind mit der Zeit unter dem zunehmenden Druck von außen aber in einem Maße ausgebaut und perfektioniert worden, dass sie sich regelrecht verselbstständigt und dann schließlich sogar gegen relativ große Teile der eigenen Bevölkerung gerichtet haben. Eines der gravierendsten Probleme bestand dabei darin, dass viele Intellektuelle

---

[35] R. Bergmann, Damals im Roten Kakadu, Reihe Rhein-Neckar-Brücke 3, 2005
[36] B. Effner, H. Heidemeyer, a.a.O., S. 12f.
[37] a.a.O., S. 15 – Hvh.: G. U.

beargwöhnt, vor den Kopf gestoßen, dass beachtliche Teile der sog. Eliten aus der DDR weggegrault wurden.

Die harten Auseinandersetzungen der SED-Führung mit Kritikern und Andersdenkenden, insbesondere im Zusammenhang mit dem 17. Juni 1953, zum Beispiel mit *Anton Ackermann*, mit *Wilhelm Zaisser* und *Rudolf Herrnstadt*, und besonders dann die Verhaftung und Verurteilung von *Wolfgang Harich, Walter Janka* u. a. als „Staatsfeinde" brachten viele engagierte Leute in Distanz zum DDR-Staat, veranlassten sie, dieser DDR enttäuscht den Rücken zu kehren. Kritiker, die eine bessere und massenverbundenere Politik der Partei forderten, wurden als „Fraktionsmacher" und „Parteifeinde" diffamiert, aus ihren Funktionen verdrängt, aus der SED ausgeschlossen, usw..

Walter Janka, der 1957 wegen „Hochverrats" verhaftet, verurteilt und eingesperrt wurde, hat nach der „Wende" 1990 zu der Verfolgung und Bestrafung Unschuldiger in den 50er Jahren festgestellt: „Weil ich wusste, dass alles gelogen war, wurde ich in dieser Zeit zu einem, sagen wir mal, scharfen Kritiker der Staatssicherheit. Selbstverständlich war und ist mir klar, dass jeder Staat Sicherheitsorgane benötigt, in jener Zeit des heftig geführten Kalten Krieges zumal. Aber so, wie es von diesen Leuten gehandhabt wurde, eben nicht.
Denn dieser Sicherheitsapparat hat sich dann hauptsächlich gegen uns selbst gerichtet, auch und gerade gegen die Partei, die ehrlichen Genossen. Die Staatssicherheit ist bei uns zum Staat über dem Staat geworden. Das war dann eigentlich der Hauptgrund, warum unsere Entwicklung so lief, dass unser Staat heute wie ein Kartenhaus in sich zusammenbricht." [38]

In seiner Zuspitzung ist dieser Schluss gewiss der zerstörerischen Dramatik des seinerzeit nachweislich zu Unrecht erlittenen eigenen Schicksals des Kommunisten *Walter Janka* geschuldet, lässt andere wesentliche ökonomische und politische Zusammenhänge unberücksichtigt. Hier hat sich aber auch der Frust darüber niedergeschlagen, dass nach Ansicht der in der SED und DDR die Macht Ausübenden die Realisierung des ersten Sozialismus-Versuchs auf deutschem Boden unter den gegebenen Umständen nun einmal *notgedrungen* auch die Ausübung von Druck, Zwang und Gewalt erfordert hätte. Der Frust darüber, dass die Anwendung repressiver Maßnahmen „unverzichtbar" sei, wenn es um die Verwirkli-

---
[38] Neues Deutschland vom 22. 6. 1990, S. 10

chung der Lehren von *K. Marx* und *W. I. Lenin* von der „Diktatur des Proletariats" geht. ...
Letztlich kommt in diesen Worten von *Janka* auch zum Ausdruck, was selbst ehemalige verantwortliche Mitarbeiter des MfS rückblickend nicht verhehlen konnten: „Ein großes Problem" war „die latente Intelligenzfeindlichkeit in der Stasi und der SED. Die war ein Sargnagel der DDR."[39]

Wie in einem Prisma spiegelt sich in der zitierten Wertung von *Janka* aus dem Jahr 1990 irgendwie auch die resignierende Enttäuschung vieler Bürger der DDR darüber, dass die mit großem Aufwand ja speziell zum Schutz und zur Sicherung der Existenz des sozialistischen Staates DDR geschaffenen Sicherheitsorgane ja am Ende unter den rasant ablaufenden Veränderungen einen wichtigen Teil ihres ureigensten Auftrages, nicht haben erfüllen können. Das bezieht sich auf nahezu alle Lebensbereiche – denn alle diese Sachbereiche waren ja in der DDR mit Strukturen des Sicherheitsapparates untersetzt. Es spiegelt sich die Enttäuschung wider, dass schließlich dann auch die in den „Wende"- und Umbruchszeiten verbliebenen Funktionsträger der Sicherheitsorgane unter den Platz greifenden Umständen es nicht vermocht haben, wenigstens die *für die Bevölkerung wichtigsten Bausteine* der realsozialistischen Gesellschaft in die dann Schritt für Schritt in rasendem Tempo etablierte Marktwirtschaft „hinüberzuretten".
Diese Fakten können m. E. auch nicht durch jetzt oft formulierte Argumente vom Tisch gewischt werden, dass die DDR-Sicherheitsorgane ja ihren Auftrag erfüllt hätten, indem sie *den Frieden gerettet* hätten – was natürlich weitgehend zutreffend, ja entscheidend ist.
Angesichts der eingetretenen Fakten hilft es aber eben heutzutage überhaupt nicht weiter, wollte man solche natürlich zutiefst betroffenmachenden Äußerungen – wie die oben angeführte von *Janka* – „mit Empörung zurückweisen". Allein aus der Position der Empörung über kritische Äußerungen heute von damals zu DDR-Zeiten von ungerechtfertigter Zwangsausübung persönlich Betroffenen (wie eben *W. Janka*) können schwerlich tragfähige Ansätze für so dringend erforderliche realitätsbezogene Konzepte für neue sozialistische Ansätze und dabei vor allem zum „Lernen aus Fehlern" gefunden werden.
Schließlich gehört es doch unter anderem auch zur bitteren historischen Wahrheit, ist es *historischer Fakt*: Durch die Umstände und die konkreten

---

[39] so zitiert B. Nolte in der Reportage „Die Stasi-Rentner" Oberstleutnant a.D. Wolfgang Schmidt, DIE ZEIT Nr. 30/2006, S. 49

Abläufe der Ereignisse 1989/1990 bedingt konnten große Teile der seinerzeit geflissentlich angelegten und dann zu großen Teilen überkommenen Behördenunterlagen des Ministeriums für Staatssicherheit dann – als der Staat DDR insgesamt untergegangen war – von den „neuen Herren" dafür benutzt werden, Zehntausende Ostdeutsche *auszugrenzen*, aus beruflicher Tätigkeit zu *eliminieren*, ja bis ans Lebensende zu *„bestrafen"* Zu bestrafen dafür, dass sie *„ihrem Staat"* getreulich gedient hatten; einem Staat, der dann ja sang- und klanglos untergegangen ist. Und das reicht bekanntlich bis hier und heute und in die nähere Zukunft.

Wahrheitsbezogene „DDR-Erinnerung" kommt nicht umhin, sich auch diesen Fakten stellen zu müssen – so schwer es auch fällt.

4.3. Einerseits Stabilisierung, andererseits weitere Abwanderung (1961 – 1989)

Der Mauerbau 1961 sollte den Machenschaften des Westens, die DDR zu unterhöhlen und dem Sozialismus den Garaus zu machen, einen Riegel vorschieben. Er sollte vor allem auch weitere Abwerbung und weitere Flucht von wichtigen Fachkräften, Unzufriedenen und vor allem von Jugendlichen aus der DDR verhindern. Der Mauerbau stellte nicht nur einen schweren Einschnitt in der deutsch-deutschen Geschichte dar. Er brachte auch ein Aufatmen, stärkte die Hoffnung auf eine ungestörtere Entwicklung des Sozialismus auf deutschem Boden. Und nachweislich ist durch die befestigte Grenze an der Nahtstelle des Kalten Krieges in Europa eine vorübergehende Stabilisierung der eigenständigen ökonomischen Entwicklung in der DDR erreicht worden.

„Zwischen 1962 und 1988 betrug die Zahl der Übersiedler aus der DDR in die BRD im Jahresdurchschnitt nur 23.000 Personen: weniger als ein Zehntel der Wanderungen der Periode bis 1961."[40] „Der Bau der Mauer beendete den raschen Abfluss der Lebensenergien der DDR und brachte allmählich ein neues Maß an Stabilität und wirtschaftlichem Fortschritt."[41] Dennoch: „Bis zum Ende des Jahres 1987 ... kamen abermals mehr als eine halbe Million Menschen (576.219) von Ost nach West."[42]

Für den hier untersuchten Zusammenhang ist bedeutsam: Die Erregung und die Wut, mit der die Bundesrepublik und der Westen auf den Bau der

---

[40] R. Münz u.a., a.a.O., S. 37
[41] G. A. Craig, a.a.O., S. 397
[42] K.-H. Baum, a.a.O., S. 519

Mauer reagiert haben, erklärt sich letztlich vor allem ganz profan aus dem Fakt, dass mit dem Bau der Mauer schlagartig der stetige Zustrom ostdeutscher Arbeitskräfte nach Westdeutschland versiegt ist. Versiegt war die Quelle, die „bis dahin die westdeutsche Wirtschaftsmaschine in Gang gehalten hatte."[43] Wenn der stetige wirtschaftliche Aufschwung erhalten bleiben sollte, mussten unbedingt ganz schnell Wege gefunden werden zur Gewinnung von Arbeitskräften *anderswoher*. Bereits zehn Wochen nach der Errichtung der Mauer ist das Gastarbeiterabkommen mit der Türkei unterzeichnet worden, auf dessen Grundlage Hunderttausende türkische Gastarbeiter in die Bundesrepublik gekommen sind. Schon im November 1961 kamen die ersten 2.500. 1969 begrüßte der Präsident der Bundesanstalt für Arbeit den millionsten Gastarbeiter aus der Türkei.

Andererseits haben auch nach dem 13. August 1961 bis Ende 1987 – trotz „Mauer" – fast 600.000 Übersiedler, Flüchtlinge und Ausgebürgerte bzw. „Freigekaufte" die DDR in Richtung Westen verlassen. Darunter waren 34.000 von der Bundesrepublik freigekaufte Häftlinge. Von 1988 bis zur Währungsunion im Juli 1990 sind dann nochmals mehr als **1 Million** Menschen in den Westen gegangen.

Einen solchen Exodus kann auf Dauer keine Volkswirtschaft und kein funktionierendes Staatswesen verkraften.
Ganz egal, welche Attribute („sozialistisch", „volksdemokratisch" bzw. „kapitalistisch" oder „bundesrepublikanisch" usw.) vor die Staatsbezeichnung bzw. die herrschende gesellschaftliche Ordnung gesetzt sind. Dieses Weggehen, die Übersiedelung – genehmigt oder erzwungen, abgeworben oder abgeschoben, legal oder illegal – von nahezu einem Drittel der Bevölkerung aus den verschiedensten Schichten Ostdeutschlands nach Westdeutschland seit dem Ende des Krieges 1945 stellte einen gewaltigen, nicht zu verkraftenden Aderlass dar.
Sie, diese Abwanderung, stellte die weitere eigenständige effektive wirtschaftliche und politische Entwicklung und dann ja eben auch die *Existenz dieses Staates selbst* in Frage. Und andererseits hat die Zuwanderung dieser Arbeitskräfte in den Westen die ökonomische Entwicklung der Alt-Bundesrepublik entscheidend positiv beeinflusst. Unter Ausnutzung der Arbeitskräfte dieser Zuwanderer aus Ostdeutschland konnte der vom Westen ausgeübte Druck auf die DDR und deren Bevölkerung verstärkt werden.

---

[43] T. Sommer, DIE ZEIT, Nr. 16/2006, S. 5

Ideologische Beschwörungen und verschiedenste administrative Gegenmaßnahmen der DDR-Behörden gegen die Republikflucht über all die Jahre und Jahrzehnte haben sich letztlich als wirkungslos erwiesen.

Trotz aller gegenteiligen Beschwörungen und administrativen Einzelmaßnahmen muss gesagt werden: Maßgebliche Politiker an der Spitze des Staates DDR – und eben auch der Sowjetunion – haben letztlich nicht die die Existenz des Realsozialismus und der DDR gefährdende Tragweite der Abwerbung und Abwanderung großer Teile der ostdeutschen Bevölkerung über Jahre und Jahrzehnte erkannt. Oder, exakter gesagt: Sie haben diese Zusammenhänge in ihrer ganzen Tragweite **nicht wahrhaben wollen.** Und sie haben dabei auch nicht erkannt bzw. eben verdrängt, dass die Abwanderung in diesen Ausmaßen u.a. auch erheblich mit der anhaltenden politischen Druckausübung auf die eigene Bevölkerung geschuldet war.

Mit aller gebotenen Nüchternheit ist mit Bezug auf die zwischenzeitlich vollzogenen historischen Abläufe zu konstatieren: Die sich mit den Jahren immer weiter von der tatsächlichen Interessenlage großer Teile der Bevölkerung entfernenden Machthaber wähnten sich als „Sieger der Geschichte" und – so sind nun einmal die unumstößlichen geschichtlichen Fakten – ließen Hunderttausende aus dem eigenen Staat abwandern. Als Anlass oder Ursache für massenhafte Republikflucht haben die politisch Verantwortlichen in vielen Reden und Artikeln zutreffend auf die Zwänge des Kalten Krieges und die Abwerbung seitens des Westens verwiesen. Damit haben sie die bestehenden historischen Grundzusammenhänge verdeutlicht.

Die Westmächte mit den USA an der Spitze haben nach dem Ende des Zweiten Weltkrieges die drei von den USA, Großbritannien und Frankreich besetzten Besatzungszonen und dann die 1949 unter ihrem Schutz und Diktat gegründete Bundesrepublik Deutschland von Anfang an gezielt als Bastion und Bollwerk gegen den nach Mitteleuropa vordringenden von der Sowjetunion geprägten Realsozialismus aufgebaut und ausbaut. Mit allen erdenklichen politischen, ökonomischen, ideologischen und militärischen Mitteln war der Westen vor allem bemüht, die eigenständige staatliche Entwicklung im Osten Deutschlands und dann ab 1949 der DDR zu behindern. Die Konzepte und Aktivitäten der Parteien, der Bonner Regierungen und der verschiedensten Forschungs- und anderen Beiräte waren darauf ausgerichtet, eine sozialistisch orientierte Entwicklung und die Eigenstaatlichkeit der DDR zu verhindern bzw. diese wieder zu liquidieren.

Die Nichtanerkennung der DDR und einer eigenständigen DDR-Staatsbürgerschaft waren jahrzehntelang Zentralpunkte aller Pläne und Programme zum roll-back des Realsozialismus auf deutschem Boden und in Europa. Und dabei wurde nichts unversucht gelassen, die Unzufriedenheit der DDR-Bevölkerung mit dem sozialistischen Gesellschaftssystem zu schüren. Die gebetsmühlenhafte Propagierung der „westlichen Werte" wurde zum einen ergänzt durch gezielte Diffamierung aller Aktivitäten der politischen Akteure in Ostdeutschland sowie zum anderen durch vielschichtige Maßnahmen zur direkten Abwerbung.

Mit der Abwerbung von Jugendlichen, Fachleuten und politisch Andersdenkenden hat der Westen dem ersten Arbeiter-und-Bauern-Staat auf deutschem Boden große Potenziale entzogen, was entscheidend das wirtschaftliche Vorankommen und die Verbesserung des Lebensniveaus der Bevölkerung beeinträchtigt hat. Ohne jegliche Skrupel hat die Alt-Bundesrepublik das aus Ostdeutschland abgezogene Arbeitspotenzial für das westdeutsche „Wirtschaftswunder" genutzt, und gleichzeitig haben ihre Ideologen lauthals die „Unfähigkeit" und das „Unvermögen" der SED und der Machthaber in der DDR propagiert, die Wirtschaft in Ostdeutschland voranzubringen. –

Nachweislich haben die politischen Akteure von Partei und Regierung der DDR auch immer wieder über Möglichkeiten zur Erhöhung der Wirksamkeit der Maßnahmen gegen die gefährliche West-Unterwanderung und Abwerbung beraten. Es waren nicht nur einzelne, die auf drohende Gefahren hingewiesen haben, falls die Abwanderung nicht eingedämmt werden kann. Zugleich wirkte sich aber eben aus, dass die maßgeblichen Funktionäre der Partei- und Staatsführung der DDR in ihrem politischen Handeln ab den 1960er Jahren von der Grundidee beherrscht waren:
Wir sind die „Sieger der Geschichte". Der Eintritt in „das Zeitalter des weltweiten Übergangs vom Kapitalismus zum Sozialismus" ist unwiderruflich vollzogen. Sie gingen aus von der „Notwendigkeit und Unausweichlichkeit des weltweiten Sieges des Sozialismus". Und es hatte dann – daraus abgeleitet – eben letztlich verheerende Konsequenzen, dass viele Partei- und Staatsfunktionäre der DDR, die vom „objektiv gesetzmäßigen Sieg des Sozialismus" überzeugt waren und diesen der Bevölkerung gegenüber immer wieder mit den gleichen Ritualen propagierten, offensichtlich zugleich aber auch der Ansicht waren: Wenn Andersdenkende, Widerständler und Oppositionelle in den Westen gehen, geht es mit dem Sozialismus leichter, besser, schneller voran! Maßgebliche Funktionäre in Partei und Staat der DDR haben viele Andersdenkende, Oppositionelle und

potenzielle Widerständler weggegrault und ausgebürgert. Sie haben damit selbst – gewollt und bewusst bzw. auch ungewollt – zu einer „geistigen Verarmung der politischen Klasse" in der DDR [44] beigetragen.
Die immer wieder neuen Versuche, das Abwanderungsproblem herunterzuspielen – aus welchen Motiven auch immer –, das ist m.E. ein Hauptpunkt des subjektiven Versagens der DDR-Führung. Die Ignoranz und die ungenügende Berücksichtigung der faktischen Abläufe in dieser Frage haben entscheidend zur Erosion und ja schließlich zum Kollaps der realsozialistischen DDR beigetragen.

Viele der die Macht Ausübenden haben mit Berufung auf einen imaginärabstrakten Klassenstandpunkt – wie soll oder kann man es nur anders sagen – *„vergessen"* bzw. eben ganz einfach ignoriert, dass nicht nur tatsächliche bzw. potenzielle *Gegner* des Sozialismus abgehauen sind. Sie haben verdrängt, dass durch das massenhafte Abwandern großer Teile der Bevölkerung, von Fachkräften, von fachlich klugen, befähigten, kritischen Leuten aus allen Arbeits- und Lebensbereichen dem Staat und der angestrebten neuen sozialen Ordnung nicht nur Eliten sondern schlicht und einfach *die Basis entzogen worden ist.*
Den Dableibenden wurden immer höhere Anstrengungen zur Stärkung der Wirtschaft der DDR abverlangt. Und auf der anderen Seite konnten keine tatsächlich effektiven Maßnahmen gegen die Massenabwanderung nach Westen gefunden werden.

Der Westen konnte seine strategischen Ziele zur Zurückdrängung des Realsozialismus, zum Zurückdrehen der Geschichte *zum einen* dadurch erreichen, dass der Sowjetunion, der DDR und den anderen sozialistischen Staaten gewaltige Anstrengungen und Ausgaben für die militärische Rüstung und Sicherungsmaßnahmen aufgezwungen wurden, die letztlich die ökonomische Leistungskraft zur Gewährleistung eines höheren Lebensniveaus der Bevölkerung überfordert haben. Und *zum anderen* aber eben auch dadurch, dass über all die Jahre der realsozialistischen Ordnung und der Volkswirtschaft durch massive direkte und indirekte Abwerbung Arbeits- und intellektuell-fachliches Potenzial in einem Umfang und Ausmaß entzogen worden ist, das durch die erheblichen Arbeitsanstrengungen vieler Arbeitskollektive in den Betrieben, Städten und Gemeinden überhaupt nicht ausgeglichen werden konnte.

---

[44] so: K.-H. Baum, a.a.O., S. 622

Es darf in diesem Kontext auch nicht verschwiegen oder übergangen werden: In vielen Bereichen sind nach der Republikflucht von Fachleuten, die bis dato in leitenden Positionen tätig waren (Betriebsleiter, Chefärzte, Schuldirektoren, Abteilungsleiter usw.) „politisch zuverlässige" Mitarbeiter nachgerückt, denen damit große Chancen für ihre Entwicklung eingeräumt worden sind. Es war aber auch Tatsache, dass vielen von diesen erst einmal wichtige fachliche Voraussetzungen für die sachgerechte Ausübung der übertragenen Führungsfunktionen fehlten. So mancher hat sich angestrengt, ist in die neue Verantwortung hineingewachsen. Andererseits sind aber viele Ämter auch Personen übertragen worden, die inhaltlich ganz einfach überfordert waren. An die Stelle erforderlicher qualifizierter Sachentscheidung und effizienter Leitung sind dadurch mancherorts bürokratische Administration und politisch-ideologische Druckausübung getreten.
Und wiederum die andere Seite des gleichen Problems: viele fachlich Bessere, denen *keine* verantwortlichen Positionen übertragen wurden, weil sie aus der Sicht von Partei und Staat als ideologisch „unzuverlässig" galten, sind aus Verärgerung darüber nach dem Westen „abgehauen". Auch hier ein unheilvoller Kreislauf.

Einerseits haben sich so für viele junge, strebsame und intelligente Arbeiter-und-Bauern-Kinder gute Möglichkeiten für das Vorankommen ergeben und die meisten sind übertragener Verantwortung auch gerecht geworden. Andererseits haben aber so notgedrungen in der DDR an manchen Stellen auch fachlich zweit- und drittrangige Leute Karriere gemacht. Darunter gab es auf allen Ebenen der Leitungshierarchie auch Leute, für die – selbstverständlich in der Regel eindrucksvoll mit politisch-ideologischen Vorzeichen drapiert – ihr individuelles Vorankommen und ihre persönliche Besserstellung Priorität hatten. Personen, denen – wesentlich auch durch die in Folge der massenhaften Republikflucht fachlich Qualifizierterer sich nun einmal ergebenden Umstände bedingt – schnell verantwortliche Positionen übertragen worden sind, sind dann regelrecht abgehoben, haben sich bemüht, möglichst ihre einmal erworbene Stellung, ihre Machtposition und auch die daran gebundenen persönlichen Privilegien zu bewahren.
Sie haben sich dabei schlichtweg am diesbezüglich schlechten Vorbild einzelner führender Partei- und Staatsfunktionäre orientiert, für die das Beharren in einmal erreichten Positionen verhaltensbestimmend geworden ist. Zwangsläufig sind so auf den verschiedenen Leitungsebenen über all die Jahre auch sachlich nicht optimale Entscheidungen gefällt und mit behaupteten bzw. eben vorgeschobenen politisch-ideologischen Zwängen „be-

gründet" worden. Und überall wurden nahezu alle anstehenden Entscheidungen zu Sachfragen immer irgendwie einerseits in einen (oftmals konstruierten) Zusammenhang mit dem „Kampf gegen den Klassenfeind" und andererseits gegen die „Republikflucht" gestellt.

Zuweilen wird darauf verwiesen, dass ja auch damals schon Menschen vom Westen, von der Bundesrepublik, in den Osten, in die DDR gegangen seien. Das ist überhaupt nicht zu leugnen. Die Zahl der „Ostwanderer" beläuft sich aber über all die Jahre und Jahrzehnte lediglich auf insgesamt einige Zehntausend – im Unterschied zu den mehreren Millionen Westwanderern von einer viel viel kleineren Bevölkerungsgesamtzahl der DDR in Relation zur Bundesrepublik. Unter denen, die vom Westen aus in die DDR gekommen sind, waren viele, die aus politischen Gründen, aus politischer Überzeugung, aus klarer politisch-ideologischer Gegnerschaft zum wieder erstandenen Monopolkapitalstaat Bundesrepublik und zur Wiederaufrüstung dort die Seiten gewechselt haben. Darunter waren auch Deserteure aus der Bundeswehr. Andere kamen aus berufliche Gründen. Weil sie sich dem kompromisslosen Konkurrenzkampf auf dem Arbeitsmarkt dort nicht gewachsen fühlten. Für wieder andere waren persönliche Gründe ausschlaggebend: Liebesbeziehungen, Erbschaften in Ostdeutschland, u. a.. Die Zahl der Übersiedler von West- nach Ostdeutschland ist in den 1970er und 80er Jahren immer weiter zurück gegangen.
Einzelne haben ihre Übersiedelung in die DDR später bereut, wollten wieder zurück nach Westdeutschland, zum Teil auch illegal. Die Mehrzahl dieser Übersiedler ist im Osten geblieben, auch nach dem Fall der Mauer, und auch nach dem Beitritt der DDR zur Bundesrepublik.
Wenn man sich einzelne Beispiele und Schicksale dieser Menschen vor Augen führt, die *seinerzeit* meist als junge Leute aus Westdeutschland in die DDR gekommen sind, deutet sich an, dass es unter verschiedenen Gesichtspunkten sehr wohl gleichfalls interessant wäre, auch diese Abläufe noch gründlicher zu untersuchen. (Es geht diesbezüglich ja nicht allein um Leute wie *Wolf Biermann*.) Das könnte unter anderem auch aufschlussreich sein unter dem Aspekt des *Hin- und Her*wanderns einzelner zwischen West und Ost. Oder auch unter dem Gesichtspunkt des Vergleichs der Auswanderung aus der Bundesrepublik in die DDR in den 19hundertfünfziger bis -achtziger Jahren und dann aus der Alt-Bundesrepublik in die neuen Bundesländer ab 1990. Einige derjenigen, die aus Westdeutschland nach Ostdeutschland gekommen sind, konnten insbesondere deshalb dort besonders wirksam werden, weil sie ja eben „beide Systeme" gekannt haben.

Diesem speziellen Problem kann an dieser Stelle nicht weiter nachgegangen werden, es wäre in anderem Kontext noch genauer zu betrachten.

Aber zurück zu dem hier interessierenden Problem der Republikflucht, der Abwanderung aus der DDR nach Westdeutschland bis 1989: Die Unterzeichnung der Schlussakte der Konferenz über Sicherheit und Zusammenarbeit in Europa (KSZE) in Helsinki 1975 stimmte einerseits überein mit sozialistischen Prinzipien und Zielstellungen zur Verwirklichung grundlegender Menschenrechte. Sie war andererseits aber wiederum auch Ausgangspunkt für eine weitere spürbare Intensivierung der Ausreisen aus der DDR. Die Schlussakte orientierte u. a. auf mehr Freizügigkeit, auf *„freie Wahl des Wohnsitzes"*. Die DDR konnte sich in ihrem Bestreben, international staatliche Anerkennung zu erreichen, diesen immer wieder und immer lauter vom Westen erhobenen Forderungen auf Dauer nicht verschließen.

1975 und dann vor allem 1976 ist die Anzahl der gestellten Anträge auf Übersiedlung in die Bundesrepublik bzw. nach Westberlin erheblich angestiegen. 1975 hatten 12.652 arbeitsfähige Erwachsene und Kinder erstmals Ausreiseanträge gestellt. 1976 waren es 19.521. Die staatlichen Organe der DDR versuchten auch in diesen Jahren – entgegen ihren anderslautenden internationalen Bekundungen – mit allen ihnen zur Verfügung stehenden Mitteln, die Übersiedlungsbewegung zurückzudrängen, weitere Massenausreisen zu verhindern.
Das Stagnieren und die weitere Verschlechterung der Wirtschaftslage sowie zugleich das Nichtrealisieren wohltönender Versprechungen haben bei beachtlichen Teilen der arbeitenden Bevölkerung der DDR Enttäuschung und Resignation ausgelöst. Die pausenlose Einwirkung der aggressiven West-Propaganda hat immer mehr Wirkung gezeigt. Zudem brachten Misstrauen, ständige Beobachtung, aber auch Schikanen und Maßregelungen von Seiten der Staats- und Sicherheitsorgane gegenüber Andersdenkenden und Kritikern viele Intellektuelle gegen den Staat auf. Und der Westen hat auch sog. „oppositionellen" Kulturschaffenden immer wieder lukrative Angebote unterbreitet, um sie herüberzuholen.

Aus persönlichem Frust und Verärgerung über die Politik der SED-Führung kamen Wissenschaftler und Kulturschaffende von staatlich genehmigten Westreisen nicht zurück. Als Reaktion auf das rigorose Vorgehen im Zusammenhang mit der Ausbürgerung *von Wolf Biermann* (1976) erzwangen Hunderte ihre Ausreise. So verließen z. B. 1977 die DDR:

Jurek Becker, Jürgen Fuchs, Sarah Kirsch, Reiner Kunze, Manfred Krug, Eva-Maria Hagen und Adolf Dresen. 1979 z. B. *Karl-Heinz Jakobs, Günter Kunert und Armin Müller-Stahl,* usw., usf.. Es ist nicht von der Hand zu weisen, wenn in diesem Zusammenhang vom Beginn des „großen Exodus der Künstler" der DDR gesprochen wird.

Jeder hatte zur „Rechtfertigung" für`s Abhauen *„seine"* Begründung. Manches benutzte Argument war wohl auch irgendwie begründet oder begründbar. Vieles klang und klingt dabei aber auch heute noch ganz einfach abenteuerlich! An dieser Stelle vielleicht nur ein einziges Beispiel: Der auf Grund seines Lebenswerkes zu Recht angesehene Schauspieler *A. Müller-Stahl* hat unlängst via Fernsehen mitgeteilt, dass er seine künstlerische Laufbahn erst habe entfalten können, als er sich – so wörtlich – *„aus den Krallen der DDR befreit hatte!"* ... Da bleibt wohl nur zu fragen: Hat er, und haben die vielen anderen, die dann im Westen Karriere gemacht haben, *vergessen, wo sie ihr Handwerk erlernt haben?*

Die anderen, die dageblieben sind, haben denen, die in den Westen gegangen sind, Verrat vorgeworfen. Sie haben ihnen vorgeworfen, dass sie lediglich ihren eigenen Interessen gefolgt sind, nur allein ihre persönliche Karriere gesehen haben. Es sei leicht einfach abzuhauen. Sie forderten von sich und den anderen: „Wir müssen *hier* etwas ändern!"
Insgesamt ging die Zahl der Erstantragsteller 1977 infolge der verschiedenen dagegen eingesetzten Maßnahmen und Sanktionen auf 8.400 und 1978 sogar auf 5.400 zurück. Sie stieg aber bereits 1979 wieder auf 7.700.

Zugleich ging aber auch die Abschiebung „politischer Häftlinge" aus der DDR nach Westdeutschland, deren „Freikauf" gegen Devisenzahlung weiter. Von den DDR-Behörden offiziell verschwiegen wurden auch in den 1970er Jahren Tausende wegen „Grenzverletzung" oder versuchter Republikflucht zu Haftstrafen Verurteilte bei Nacht und Nebel mit Bustransporten gegen Zahlung fest vereinbarter Pauschalen nach Westdeutschland „abgeschoben". Nicht wenige, die jahrelang auf ihre beantragte Entlassung aus der DDR-Staatsbürgerschaft gewartet hatten, wählten sozusagen ganz bewusst den Weg durch die Gefängnisse, um nach der Verbüßung einer abgesessenen Teilstrafe nach ein oder zwei Jahren in die Bundesrepublik abgeschoben bzw. freigekauft zu werden.
Initiiert hatten diesen „Freikauf" gegen D-Mark 1962 Vertreter der evangelischen Kirche, da die Bonner Regierung die DDR nicht anerkannt hatte und deshalb mit deren staatlichen Stellen nicht verhandeln wollte. 1963 sind

zum ersten Mal acht politische Häftlinge aus der Haft entlassen und in die BRD abgeschoben worden. Ab 1964 erfolgte die Abschiebung mit Bustransporten.

Zwischen 1963 und 1989 kamen durch Freikauf „33 000 Frauen und Männer aus DDR-Gefängnissen in den Westen. Die DDR erhielt dafür Warenlieferungen im Gesamtwert von drei Milliarden Mark, und bezeichnete das Ganze als `Sondergeschäft`, während die Bundesrepublik verklausuliert von `besonderen Bemühungen im humanitären Bereich` sprach."[45] Auch hier variieren die Zahlenangaben im einzelnen. *K.-H. Baum* schreibt: „33.755 Häftlinge hat die Bundesrepublik Deutschland zwischen 1963 und 1989 von der DDR freigekauft". [46]

Der Westen hat mindestens 40.000 DM für jeden „Freigekauften" gezahlt. Später haben die von den beteiligten Seiten Beauftragten einen durchschnittlichen Einheitspreis pro freigekauften Häftling ausgehandelt (ca. 90.000 DM). Die von Seiten der Bundesrepublik beauftragten Anwälte haben sog. „Wunschlisten" mit Namen für Freizukaufende vorgelegt. Jahr für Jahr ist dann eine vereinbarte Anzahl von DDR-Häftlingen auf eine sog. Freikaufliste gesetzt worden, die dann Zug um Zug abgearbeitet worden ist: Entlassung und zwangsweiser Abtransport der Häftlinge über die deutschdeutsche Grenze und Lieferung der bestellten Waren, die mit den von der Bonner Staatskasse bereit gestellten Devisen bezahlt worden waren. Also sozusagen: „Freiheit gegen Geld!"

Was war das anderes als moderner, staatlich organisierter verwerflicher Menschenhandel? In den DDR-Medien durfte darüber nicht berichtet werden, widersprachen diese Praktiken doch den vom Arbeiter-und-Bauern-Staat lauthals proklamierten Idealen von Menschlichkeit, Gerechtigkeit usw.. Die Regierung der Bundesrepublik hatte nicht derartige Skrupel, sie hat sich damit gebrüstet, dass sie in der DDR einsitzende politische Gegner dieses Staates freigekauft hat. Wobei Zeitungen, Rundfunk und Fernsehen zum Verschweigen vergattert worden sind, um das „Geschäft" nicht zu gefährden. „Alle haben das Maul gehalten!" *(Egon Bahr)*

Rückblickend bleibt nur, mit Erstaunen und zugleich tiefem Befremden zu konstatieren, dass weder etablierte DDR-Organisationen noch die selbsternannten DDR-„Menschenrechtler", aber auch nicht die UNO-Menschenrechtsgremien gegen diesen modernen staatlich organisierten Menschenhandel im Herzen Europas protestiert haben.

---

[45] Ch. Brecht, in: B. Effner, H. Heidemeyer, a.a.O., S. 78
[46] K.-H. Baum, a.a.O., S. 575

Das ist ganz gewiss einer der Punkte, wo einem – so schwer es auch fällt – nur bleibt zu fragen: Was alles denn noch sollte von einem – so gesehen doch wohl zutiefst fragwürdigen – sozialistischen „Klassenstandpunkt" aus „begründet" oder gerechtfertigt werden? Was alles haben die Machtausüber der ehrlich arbeitenden Bevölkerung und dabei eben auch den Intellektuellen, die diesen Staat mitgetragen und in der Regel auch selbstlos unterstützt haben, zugemutet. Und am Rande ist anzumerken: Es befremdet, dass in vielen nostalgisch beschönigenden DDR-Erinnerungen heute unter anderem auch dieses Kapitel einfach ausgespart, übergangen wird. Als hätte es *so was* nicht gegeben.

Parallel zu den sich verschärfenden Angriffen des Westens gegen den Realsozialismus verstärkte sich in diesen Jahren in der DDR weiter erheblich der Druck auf Partei und Staat, der auf das Ziel ausgerichtet war, einen „besseren Sozialismus" zu erreichen. Die Unzufriedenheit in weiten Teilen der Bevölkerung über das ökonomische Zurückbleiben hinter dem Westen, über Unvermögen und Ineffektivität, über um sich greifende Reglementierung und Bespitzelung wuchs.
Siegfried Forberger (Sekretär des DDR-Komitees für Menschenrechte von 1959 bis 1989) berichtet: „In den 80er Jahren erhielt das Komitee zunehmend Beschwerdebriefe von Bürgern, die Anträge auf Entlassung aus der DDR-Staatsbürgerschaft gestellt hatten. ... Da gab es Klagen über unbefriedigende Arbeitsverhältnisse in Betrieben, u.a. über Stillstandszeiten, Materialmangel, Schlendrian, Umweltverschmutzung. Gerügt wurden ungenügende Versorgung z.B. mit Südfrüchten und modernen Konsumgütern sowie jahrelange Wartezeiten beim Pkw-Kauf oder bei der Wohnungszuweisung.
Viele Bürger äußerten ihre Unzufriedenheit über eingeschränkte Meinungsfreiheit und fehlende Reisemöglichkeiten in westliche Länder. Nicht wenige behaupteten, aus ideologischen und politischen Gründen in ihrer beruflichen Entwicklung behindert zu werden und in der DDR keine persönliche Perspektive zu haben. Christliche Bürger lehnten den von der SED-Dogmatik geprägten Schulunterricht für ihre Kinder ab, besonders in den Fächern Staatsbürgerkunde und Wehrerziehung. ... Berichtet wurde vom herablassenden und bürokratischen Verhalten der Staatsangestellten, die auf Anträge und Beschwerden keinen schriftlichen Bescheid gaben, sondern nur mündlich antworteten. Viele Antragsteller empörten sich über Schikanen wie Überwachung durch Organe der Staatssicherheit, Kündigung der Arbeitsstelle oder Zuweisung einer niedriger bezahlten Tätigkeit, Briefzensur, Abhören von Telefongesprächen, Ausschluß vom visafreien

Reiseverkehr in verbündete Staaten bis hin zu Gefängnisstrafen u.a. wegen Anbringens eines großen A am Wohnungsfenster als öffentliches Zeichen für die beantragte Ausreise.
Gemeinsam war diesen Ostdeutschen der unbändige Drang nach der Deutschmark um ebenso gut wie die Mehrheit der Westdeutschen leben zu können. ..."[47]
Die Ausreisewelle eskalierte. 1982 stellten 13.500 Bürger der DDR Ausreiseanträge. 1984 waren es 57.600.
U.a. gingen Anfang der 80er Jahre auch weitere von der Bevölkerung geachtete Künstler in den Westen. 1980 z. B. *Frank Beyer, Angelika Domröse, Hilmar Thate, Erich Loest.* Die Ausreise solcher, bei vielen DDR-Bürgern zu Recht angesehenen Persönlichkeiten hat zehntausende einfache Leute veranlasst bzw. in ihrem Willen bestärkt, gleichfalls der Heimat den Rücken zu kehren.
Allein im Zeitraum vom 30. 8. 1988 bis 30. 9. 1988 stellten 160.785 Bürger Ausreiseanträge, von denen die Behörden 86.150 genehmigt haben. Dabei waren fast die Hälfte der Antragsteller Facharbeiter, deren Abwanderung die in der DDR bestehenden wirtschaftlichen Schwierigkeiten weiter extrem verschärft hat. Entsprechend den Forderungen der KSZE-Folgekonferenz in Wien zum *„Recht auf Ausreise"* hat die DDR notgedrungen deutliche Erleichterungen im Reiseverkehr ins westliche Ausland und in die Bundesrepublik schaffen müssen.

So mancher hat sich von den Behörden ein Dauerreisevisum zur Aus- und Wiedereinreise regelrecht erpresst; so nur zum Beispiel 1988 die heute in Ost und West umstrittene Autorin *Monika Maron.* Aber auch *Günter Kunert, Jurek Becker* u. v. a. verfügten zeitweise über Visapapiere zur Aus- und Wiedereinreise. Von solcherart „Vergünstigungen" konnte der „kleine Mann" nur träumen. *Jurek Becker* soll ja übrigens, so wird dokumentiert, 1987 gesagt haben: „Ich betrachte mich nicht im Exil. Ich war damals nicht gezwungen, die DDR zu verlassen. ... Übrigens bin ich heute noch Bürger der DDR."[48]
Es muss überhaupt gesagt werden: Es gab über all die Jahre in den Abwanderungsbewegungen nach dem Westen ein verhängnisvolles Wechselspiel zwischen den von den West-Medien hochgespielten Ausreiseforderungen von (mehr oder weniger) bekannten einzelnen Kunst- und Kultur-

---

[47] S. Forberger, Das DDR-Komitee für Menschenrechte, Erinnerungen an den Sozialismus-Versuch im 20. Jahrhundert, Berlin 2000, (maschinenschriftlich), S. 477/78
[48] DIE ZEIT, Nr. 3/2005, S. 48

schaffenden auf der einen und der Massenabwanderung aus den Reihen der „einfachen Bevölkerung" auf der anderen Seite. Das Bekanntwerden der Ausreise irgendeines sog. Prominenten hat oft unmittelbar, bzw. auch mittelbar die Antragstellung bzw. Flucht vieler einfacher Menschen ausgelöst. Keiner wollte sozusagen „der Letzte" sein.

Andererseits darf nicht übersehen werden, dass auch in den 1980er Jahren bereits Tausende, die die DDR verlassen hatten, versucht haben, in ihre vordem aufgegebene Heimat wieder zurückzukehren. Aus Enttäuschung über die realen Verhältnisse im „Wirtschaftswunderland" BRD, wegen Arbeits- und Perspektivlosigkeit, wegen erlittener Benachteiligungen als Kinderreiche u.a.: *„Ich hatte falsche Vorstellungen vom Leben in der Bundesrepublik." „Ich komme mit den kapitalistischen Verhältnissen nicht zurecht."* usw.. Die Zeitung *Neues Deutschland* behauptete im März 1985 sogar, dass „über 20.000 Ehemalige" in die DDR zurück wollten. Bei solchen Meldungen überwogen aber wohl ideologische Zwecksetzungen.
Diesen Rückkehrwilligen steht die große Überzahl der in diesen Jahren massenhaft aus der DDR Abwandernden und dann ganz im Westen Gebliebenen gegenüber.

Auch in den 1970er und 1980er Jahren behandelten eine ganze Reihe von Spiel- und Dokumentarfilmen, viele Bücher und andere Kunstwerke immer wieder auch Probleme der Republikflucht. Sie spiegelten dabei unter unterschiedlichen Gesichtspunkten die Konsequenzen wider, die sich zum einen aus der Abwerbung von Fachkräften und zum anderen aus Fehlentwicklungen, Versäumnissen und Versagen in verschiedenen Bereichen der realsozialistischen Gesellschaft ableiteten. Sie spiegelten facettenreich wider, wie nach und nach sozialistische Ideale, wie die Hoffnung auf Veränderung im Land geschwunden sind.
So veranschaulichte bereits der *1977* gedrehte Film „Die Flucht", dass für viele DDR-Bürger die Vision von einem lebenswerten, effektiven Sozialismus, von einer neuen, besseren DDR zerbricht, sich als Illusion erweist. Der „Sog nach drüben", die „Sehnsucht nach der weiten Welt" haben Schritt für Schritt das Denken und Fühlen sowie schließlich auch das Verhalten von immer mehr Menschen bestimmt.
Schließlich ist in den letzten Tagen der Existenz der DDR, am 27. Mai 1990, der Film „Die Architekten" uraufgeführt worden, der beispielhaft die Frustration großer Teile der DDR-Bevölkerung veranschaulicht hat: „Eine Gruppe junger Architekten glaubt, sich gegen die tödliche

Starre des Regimes behaupten zu können, aber sie scheitern am ökonomischen Desaster wie an der politischen Ignoranz."[49]
Wenn man sich heute Inhalt und Aussagen zum Beispiel dieser Filme vor Augen führt, offenbart sich die Tragik der Ereignisse *zum einen* darin, dass die in der Endzeit der DDR die Macht Ausübenden die immer mehr um sich greifende Enttäuschung vieler ehrlicher Menschen, das Zerbrechen der ursprünglich angestrebten Ideale und Zielstellungen nicht bemerken, *nicht wahrhaben wollten*. Und die Tragik liegt *zum anderen* aber eben darin, dass Intellektuelle und Kulturschaffende, die seinerzeit auf ihre Weise der Endzeitstimmung und dem Nicht-mehr-Wollen großer Teile der DDR-Bevölkerung Ausdruck verleihen wollten, de facto überhaupt nicht einkalkuliert haben, welche schwerwiegenden, zum Teil verheerenden Konsequenzen nach dem Zerfall und dem Untergang des Staates DDR und des Sozialismus-Versuchs auf deutschem Boden für erhebliche Teile der Bevölkerung eben dieser ehemaligen DDR folgen sollten.[50]

Die immer lauter werdenden Forderungen nach *„Reisefreiheit"* und die nicht zu stoppende Ausreisebewegung haben dann den Untergang des Staates DDR in Gang gesetzt. „Als das auslösende Element, das sich aus vielen Einzelwillen zusammensetzte, erwies sich die Ausreisewelle, die in den achtziger Jahren beängstigend anwuchs und weder durch rigorose Maßnahmen noch flexiblere Regelungen aufgehalten werden konnte.
Der Wille, so zu leben wie im Westen war zu einer Triebkraft geworden, die Menschen veranlasste, alles aufzugeben, die DDR zu verlassen."[51]
Unter dem vom Westen immer wieder angestachelten unmittelbaren Druck Hunderttausender, die *„Reisefreiheit"* forderten, ist dann binnen einiger Wochen nicht nur die 1961 errichtete Mauer, sondern auch der ganze ostdeutsche Staat zusammengebrochen. Unter diesem Druck ist der Realsozialismus in den nach dem Ende des Zweiten Weltkrieges errichteten Volksdemokratien Osteuropas und in der Sowjetunion untergegangen, zerbrochen.

---

[49] W. Gersch, Szenen eines Landes, Berlin 2006, S. 202/203
[50] Weiteres zu Kunst und Kultur und Republikflucht siehe u.a.: D. Müller-Toovey, Flucht und Ausreise im Spiegel der Kunst, in: B. Effner, H. Heidemeyer, Flucht im geteilten Deutschland, a.a.O., S. 171ff.
[51] W. Mittenzwei, Die Intellektuellen, Leipzig 2001, RN 394

Letzten Endes sind „die Ursachen für das Ende des Realsozialismus in Europa in einer komplizierten Dialektik der *dominierenden inneren* und der in der `Grand Strategy`(des imperialistischen Westens unter Hegemonie der USA) verankerten äußeren Faktoren" zu suchen. „Letzten Endes waren *die inneren Widersprüche* in der DDR und den anderen RGW-Ländern die Basis für eine ständig anwachsende Volksbewegung, die weit über die eigentliche oppositionelle Bürgerrechtsbewegung hinausreichte ..."[52]

Die DDR hatte den „verzweifelten Kampf um ihre Existenz" *(G. Zwerenz)* verloren.

Indem die Bürger diesen Staat nicht mehr wollten, hat er „seine Legitimität verloren" – so *Gregor Gysi*.

„Es waren die DDR-Bürger selbst, die die DDR zur Vergangenheit gemacht haben ..." – so *Richard Schröder*[53]

Wie viele andere Autoren schreibt auch *H. Hörz*: „Das realsozialistische System der DDR ist implodiert. Es ist zusammengebrochen."[54] Unter den Gründen für die „am 3. 10. 1990 vollzogene Selbstauflösung der DDR" nennt *Hörz* als erstes: „... *Implosion* auf der Grundlage des *inneren Niedergangs.*"[55]

Klaus Steinitz hat in der selben Richtung festgestellt, dass das Scheitern des Staatssozialismus *„nicht Ausdruck für die prinzipielle Unmöglichkeit einer sozialistischen Alternative zum Kapitalismus (ist)*, sondern ... vor allem Defizite, Schwächen und Fehlentwicklungen des bisher praktizierten Staatssozialismus wider(spiegelt)."[56]. Er schreibt weiter: „Meines Erachtens sind die *inneren* strukturellen Defizite und Entstellungen des Realsozialismus sowie seine vor allem politisch bedingte Unfähigkeit zu grundlegenden Reformen letzten Endes entscheidend für sein Scheitern".

Und zu dem Streit unter den *Linken* über die letztlich maßgebenden Umstände, die zum Untergang des Realsozialismus geführt haben, führt *Steinitz* gewiss zutreffend aus: „Eine zu starke Hervorhebung *äußerer* Faktoren als Ursachen für das Scheitern des Realsozialismus in der DDR birgt auch die Gefahr in sich, dass *die substanziellen Defizite des Staatssozialismus* und die damit verbundene notwendige tiefgehende Erneuerung

---

[52] K. Eichner, E. Langrock, Der Drahtzieher, Berlin 2005, S. 182 – Hvh.: G. U.
[53] DIE ZEIT, Nr. 27/2006, S. 40
[54] H. Hörz, Lebenswenden, Berlin 2005, S. 304
[55] a.a.O., S. 522 – Hvh.: G.U.
[56] K. Steinitz, Das Scheitern des Realsozialismus, Hamburg 2007, S. 54

der Sozialismusvorstellungen unterschätzt werden."[57] Die, die an eine erfolgreiche sozialistische Revolution im Osten Deutschlands geglaubt hatten und dafür über Jahre und Jahrzehnte all ihre Kräfte eingesetzt hatten, mussten 1989/1990 resignierend feststellen: *„Mein Land geht in den Westen"! (Volker Braun)*
„Mein Land ist untergegangen"!...

Illusionslos sind die eingetretenen historischen Fakten zu konstatieren: Unter dem übermächtigen Druck der West-Kapitalgesellschaft, mit der „Wende", mit dem auf der Straße erzwungenen Beitritt zur Bundesrepublik ist das Staatswesen DDR untergegangen. Und mit diesem Ende der DDR ist ja eben nicht nur einfach ein für einen kurzen historischen Zeitraum bestehender kleiner Staat in der Mitte Europas von der Landkarte verschwunden. Das Ende des Staates DDR bedeutete zugleich das Fiasko des Sozialismus-Versuchs in einem industriell entwickelten Land Mitteleuropas, der ja wiederum nur ein Glied in der Kette des Zusammenbruchs des Realsozialismus in Europa darstellt.

Der Sozialismus-Versuch im 20. Jahrhundert ist gescheitert, ist misslungen, hat mit einer historischen Niederlage geendet. Mit dem Kollaps des realsozialistischen Systems in Europa, mit dem „Chrash des Staatssozialismus" *(S. Bollinger)*, des an der Sowjetunion ausgerichteten sozialistischen Lagers ist abrupt der historische Versuch beendet worden, erstmals auf deutschem Boden, im Herzen Europas, eine Alternative zu der auf Ausbeutung der Mehrheit der Bevölkerung beruhenden Kapital-Gesellschaft zu schaffen. Abrupt beendet worden sind damit vor allem aber eben auch die mit viel Fleiß und ganzem Einsatz in Jahrzehnten aufgebauten Lebenswege von Millionen arbeitender Menschen. Und, was wohl im welthistorischen Zusammenhang das Wichtigste ist: Weggefallen ist der solidarische Rückhalt für den Befreiungskampf der Völker in der Dritten Welt!

Damit ist schließlich am Ende des 20. Jahrhunderts erst einmal das Konzept, die Strategie derjenigen aufgegangen, die über all die Jahre und Jahrzehnte bestrebt waren, vom Westen her die DDR „aufzurollen" und den Realsozialismus in „Ostmitteleuropa" und damit insgesamt zurückzudrängen. Der US-Imperialismus hat sein seit der Beendigung des Zweiten Weltkrieges *(vorerst)* angestrebtes Endziel erreicht: Überwindung der

---

[57] a.a.O., S. 81, Hvh.: G. U.

Teilung Europas unter Dominanz des Westens, Zerfall des Realsozialismus in Ostmitteleuropa und Ausdehnung der Machtsphären der NATO bis an die westlichen Grenzen eines militärisch, ökonomisch und politisch erst einmal auf Dauer geschwächten Russlands.

In diesem Konzept nahmen Abwerbung und Anstiftung zur Auswanderung aus der DDR einen herausragenden Platz ein. Die hierfür in Jahrzehnten aufgewendeten gewaltigen Mittel, angefangen seinerzeit mit dem Marshallplan, haben sich also letztlich für den Westen millionenfach ausgezahlt. Auch in Ostdeutschland erfolgte nach 1989 der historisch-politische Rückgang von der „Staatsdiktatur des Früh-Sozialismus" zur Diktatur des Kapital-Marktsystems in seiner „Reinform" *(R. Dahrendorf)*, mit all seinen Restriktionen für die arbeitende Bevölkerung. Auf der einen Seite: Boomende Konjunktur der Großkonzerne und Banken. Auf der anderen Seite: Immer größere Teile der Bevölkerung in Ostdeutschland, in den anderen Ländern Ostmitteleuropas sowie in Russland sind Armut, sozialer Ausgrenzung und Perspektivlosigkeit ausgesetzt.

5. Gewinne für den Westen

Kurt Biedenkopf, nach der „Wende" langjährig Ministerpräsident in Sachsen, hat festgestellt: „Der größte Verlust Ostdeutschlands an Westdeutschland ist der Verlust der Leistungsträger: nicht nur Spitzeneliten, sondern Facharbeiter, Kaufleute, Ingenieure, die Manager, die Unternehmer."[58] Andere haben sogar konstatiert, dass die DDR durch Republikflucht den „wertvollsten Teil ihrer Bevölkerung" verloren hat.

Klaus Steinitz benennt (mit Bezug unter anderem auf *S. Wenzel* und *J. Roesler*) unter den „Einflüssen äußerer Faktoren auf die ökonomische Entwicklung in den beiden deutschen Staaten ... – in Ostdeutschland hemmend, in Westdeutschland stimulierend": "Abwanderung von Fachkräften in die BRD: einerseits bedeutende Verluste der DDR durch verlorene Bildungsaufwendungen und Fehlen von Fachkräften, andererseits Bereicherung der BRD durch Einsparen von Bildungsaufwendungen und zusätzliche Impulse durch gut ausgebildete Arbeitskräfte. Die Verluste der DDR durch die Abwanderung allein in den Jahren 1951 bis 1961 betrugen fast 20% des Wertschöpfungspotenzials eines Jahres. Bezogen nur auf das Jahr 1989 ergibt sich aus dieser Abwanderung von zehn Jahren ein Verlust

---

[58] Tagesspiegel vom 29. 9. 2000, S. 7

des Nationaleinkommens in einer Größenordnung von über 50 Mrd. Mark. Eine entsprechende Berechnung der Abwanderungsverluste für die gesamte Existenzzeit der DDR würde einen Jahresbetrag von über 100 Mrd. Mark Nationaleinkommen ergeben. Hinzu kommt eine zweistellige Milliardengröße an Ausbildungskosten für diese Arbeitskräfte. Auf der westdeutschen Seite müssten diese Größenordnungen mit einem Pluszeichen erscheinen."[59]

Klaus Blessing u.a. haben in ihrer diesbezüglich gründlichen Analyse „Die Schulden des Westens" belegt: „Das Territorium Ostdeutschlands wurde und wird millionenfach als Reservoir für gut ausgebildete, deutsch sprechende Arbeitskräfte ausgenutzt."[60] Durch die Verscherbelung der vormals staatlich verwalteten volkseigenen Kombinate, die Liquidierung der Industriepotenziale sowie den Abzug hunderttausender Arbeitskräfte sind Ostdeutschland nicht wieder ausgleichbare Verluste entstanden und Westdeutschland als bare Gewinne zugeflossen.

Die aus Ostdeutschland Zugewanderten stellten über all die Jahrzehnte nachweislich in vielen Bereichen der westdeutschen Gesellschaft eine höchst willkommene Bereicherung dar. Zum einen handelte es sich um einen beachtlichen Zufluss gefragter, gut ausgebildeter, fleißiger und auch billiger Arbeitskräfte, der einen erheblichen ökonomischen Gewinnzuwachs ermöglichte. Die Übersiedler aus dem Osten Deutschlands mussten ja nicht einmal erst die Sprache lernen, um in die westdeutsche Wirtschaft integriert zu werden. Millionen an Ausbildungskosten konnten gespart werden.

Nachweislich ist der rasante Aufschwung der westdeutschen Wirtschaft Anfang der fünfziger Jahre nicht allein – wie im Westen ganz eindeutig wider besseres Wissen immer wieder behauptet wird – Frucht des Marshallplanes, sondern auch der Zuwanderung und der Zuflüsse aus der SBZ und dann der DDR.

Ehemalige Fabrikbesitzer haben Teile ihrer Betriebe und ihres Vermögens aus dem Osten herübergebracht. Arbeiter, Techniker, Ingenieure und ehemalige Firmenbesitzer aus der SBZ/DDR haben mit ihrem Sachverstand, ihrem Arbeitsvermögen, mit herübergebrachten Erfindungen und

---

[59] K. Steinitz, a.a.O., S. 58/59
[60] K. Blessing, E. Damm, M. Werner, Die Schulden des Westens, Berlin 2005, S. 15

Patenten ein gut Stück Aufbauhilfe zum Wirtschaftswunder im Westen geleistet.[61]

In diesem Zusammenhang ist von maßgeblicher Bedeutung, dass in den Westzonen die Großbetriebe ja **nicht**, wie flächendeckend in der SBZ geschehen, demontiert und in die Sowjetunion abtransportiert worden sind. Für die zu leistenden Reparationen erfolgten in Ostdeutschland Entnahmen aus Kapazitäten aus der laufenden Produktion in einem solchen Umfang, dass die eigene Versorgung erheblich zusätzlich beeinträchtigt worden ist. Westdeutschland hat (in Relation zu Ostdeutschland) bekanntlich nur einen ganz kleinen Teil der Reparationsleistungen an die Siegermächte erbracht. Ostdeutschland musste eine viel größere Zahl Umsiedler aus den ehemaligen deutschen Ostgebieten aufnehmen als Westdeutschland. Deren Anteil an der Bevölkerung betrug in Ostdeutschland knapp 25 Prozent, in Westdeutschland dagegen nur ca. 16 Prozent. Nach den Ergebnissen der Bevölkerungszählung vom Oktober 1946 betrug der Anteil der Flüchtlinge und Vertriebenen in vielen Regionen Mecklenburgs 40 bis 50 Prozent, in Teilen Brandenburgs mehr als 35 Prozent; usw./usf..

Die aus der SBZ/DDR nach Westdeutschland Zugewanderten sind in der Wirtschaft der Bundesrepublik auch nicht, wie dort oft nachweislich gleichfalls wider besseres Wissen behauptet wurde und wird, lediglich an untergeordneter Stelle wirksam geworden. Die Zuwanderer haben im Westen u. a. auch selbst mit dem Herübergebrachten viele Betriebe und Unternehmen gegründet und erfolgreich geführt. Beispielsweise waren bereits Ende der 1960er Jahre in ca. 5.000 solcher von vormals Ostdeutschen gegründeten Betriebe nahezu 200.000 Menschen beschäftigt. Allein in Baubetrieben, die von vormals Ostdeutschen geführt wurden, arbeiteten schon zu diesem Zeitpunkt mehr als 25.000 Beschäftigte. Der Bundesrepublik ist mit der Zuwanderung von Arbeitskräften aus der DDR in großem Umfang „Humankapital" zugeflossen, das erheblich zur Produktivitätsentwicklung dort beigetragen hat.

Es ist nichts anderes als vorsätzliche Geschichtsfälschung, wenn heute in Westdeutschland Politiker und gut bezahlte Wirtschaftsinstitute immer wieder lauthals über die Höhe der „Transferleistungen" *heute* von West nach Ost klagen, sich aber über den erlangten massiven Zuwachs an materieller Wirtschaftskraft Westdeutschlands allein durch die Zuwande-

---

[61] siehe hierzu z. B.: H. Golle, Das Know-How, das aus dem Osten kam, Hohenheim-V., Stg. 2002

rung von „Humankapital" *über Jahrzehnte* aus der SBZ/DDR sowie die dadurch dort eingetretenen Verluste einfach ausschweigen. Sie verschweigen und vertuschen also nicht nur die erlangten horrenden Profite der West-Konzerne in Folge der Liquidierung der Industrieproduktion in Ostdeutschland *nach* 1989, sondern außerdem auch die Profite aus den Potenzialen, die in den Jahren und Jahrzehnten *bis* 1989 der Wirtschaft in den Alt-Bundesländern aus Ostdeutschland zugeflossen sind.

Die DDR hat durch Abwanderung ca. 20 Prozent ihres gesellschaftlichen Arbeitsvermögens verloren. Von 1951 bis 1961 ergibt sich zum Beispiel: „Die anhand der Produktivität berechneten Produktionsausfälle werden mit 111,7 Mrd. DM angegeben. (Es handelt sich dabei nicht um die DM der Bundesrepublik, sondern um Mark der DDR, die damals noch Deutsche Mark hieß.)" Dazu kommt Produktionsausfall durch „Grenzgänger" in Berlin im Umfang von 6,8 Mrd. DM. „Insgesamt resultiert daraus für die DDR eine Verlustsumme in Höhe von rund 135 Milliarden DM."[62]
In dem (*bereits genannten*) Material der Staatlichen Plankommission sind die durch Abwerbung von Berufstätigen in der DDR entstandenen Verluste in Folge Produktionsausfall wie folgt ausgewiesen: „1951 *820*, 1952 *1.830*, 1953 *3.530*, 1954 *4.690*, 1955 *6.750*, 1956 *9.320*, 1957 *11.830*, 1958 *14.600*, 1959 *16.600*, 1960 *19.400*, 1961 *22.300* Mio DM." [63]

Neben den durch Produktionsausfall in Folge der Abwanderung für die DDR entstandenen Verlusten, die nahezu vollständig als erlangter Gewinn durch Produktionszuwachs der Bundesrepublik zu gute kamen, hat die DDR weitere Verluste in Milliardenhöhe durch die verlorenen Ausbildungskosten der Abgeworbenen erlitten. Viele Schüler, Abiturienten und Auszubildende gingen in den Westen und ersparten ihren neuen Arbeitgebern erhebliche Kosten.
Für die DDR ergaben sich „rund 16,3 Mrd. DM Kosten, die vom Staat zur Verfügung gestellt werden müssen für den Ersatz der Abgeworbenen, die eine Hoch- und Fachschulausbildung, Berufsausbildung usw. hatten."[64]
Zufluss und Zuwanderung aus Ostdeutschland von 1945 bis 1989/1990 haben also insgesamt Jahr für Jahr messbar zu dem ausgewiesenen prozentualen Produktions- und Profit-Zuwachs in der Bundesrepublik beigetragen.

---

[62] S. Wenzel, Was kostet die Wiedervereinigung? a.a.O., S.100
[63] siehe: Anlage 3 in: S. Wenzel, a.a.O., S.244
[64] a.a.O., S. 246

K. Blessing u.a. schreiben: „Die tatkräftige Unterstützung der Zonenflüchtlinge war für die Westdeutschen bei ihrem Wiederaufbau ein feine Sache, legten doch nicht zuletzt die Brüder und Schwestern aus dem Osten das Fundament für den westdeutschen Wohlstand."[65] Die Autoren haben im Rahmen ihrer Berechnungen insgesamt "weit über 7 Billionen DM Schulden des Westens" gegenüber dem Osten Deutschlands ermittelt. [66] Sie beziffern Verluste und Gewinne durch „Abwanderung/Abwerbung" sowie durch „Reparationsleistungen, Marshallplan und innerdeutschen Handel" bis zur Wende und andererseits durch „Raub des Volksvermögens" und „zusätzl. Wirtschaftswachstum" nach der Wende.[67]. Tabellarisch listen sie die „Ökonomischen Auswirkungen der Auswanderung bis 1990" *(S. 99* für 1951 bis 1990*)* sowie für den Zeitraum 1991 bis 2000" *(S. 100)* auf.

Das alles wurde und wird verschwiegen, hat bei den Verhandlungen über den Beitritt der DDR zur Bundesrepublik letztlich keine Rolle gespielt. Und natürlich wäre es „unsinnig und unrealistisch", heute Schadenersatz über die errechnete Summe von 7 Billionen DM oder fast 4 Billionen Euro einzufordern. Aber die Autoren fordern: „Die Ostdeutschen sind zu entschädigen!" und unterbreiten diesbezüglich Vorschläge.[68]

Zum anderen hat die Zuwanderung tausender gebildeter, engagierter Kunst- und Kulturschaffender und anderer Intellektueller bekanntlich das geistige Leben der Alt-Bundesrepublik maßgeblich bereichert. Die seinerzeit der Enquete-Kommission des Deutschen Bundestages „Überwindung der Folgen der SED-Diktatur im Prozess der deutschen Einheit" vorgelegte „Liste von (ausgewählten) Persönlichkeiten, die sich dem sowjetischen Machtbereich entzogen haben" *(was für eine seltsam um fragwürdige „Objektivität" bemühte Formulierung!)*, weist zu mehr als einem Drittel mehr oder weniger bedeutende Kunst- und Kulturschaffende aus, die die DDR in Richtung Westen verlassen haben.[69]

Im Osten wurden sie für ihren Weggang von offiziellen Stellen geächtet. So mancher ist im Westen tagelang gefeiert, oft dann aber schnell vergessen worden. Viele konnten im Westen nicht heimisch werden, konnten sich nicht in die Zensurzwänge der Marktwirtschaft einordnen. Andere konnten

---

[65] K. Blessing, a.a.O., S. 68
[66] a.a.O., S. 76f., 136
[67] a.a.O., S. 136
[68] a.a.O., S. 78f.
[69] K.-H. Baum, a.a.O., S. 646 – 706

im Westen eine neue Karriere aufbauen. Um nur *eine* Berufsgruppe/Sparte zu benennen: Mehrere der in den zurückliegenden Jahrzehnten im Westen populär gewordenen und heute populärsten und auch bestbezahlten bildenden Künstler der westlichen Welt *sind in Ostdeutschland* aufgewachsen, haben *dort* ihre gediegene Ausbildung erhalten *(von Baselitz über Penck bis Gerhard Richter).*

Auf jeden Fall haben alle, die nach dem Westen gegangen sind, im Osten gefehlt.

In beachtlicher Zahl sind in all den Jahren viele politisch Engagierte, „unruhige Geister", Andersdenkende aus dem Osten in die Bundesrepublik gekommen. Auch sie haben in den zurückliegenden Jahrzehnten das politische Leben und die Entwicklung der Bundesrepublik, bis hin zum Vollzug der Wiedervereinigung, maßgeblich mitbestimmt. Es ist gewiss nicht völlig abwegig, wenn mancher sie, diese aus Ostdeutschland Zugewanderten, als „Agenten der Modernisierung" der Bundesrepublik bezeichnet hat – ein Beispiel für den „positiven Nutzen" der deutsch-deutschen Migration für den Westen.

„Die aus dem Osten kamen, waren für die Einheimischen nicht immer bequem; aber sie waren eine große Bereicherung, ein Gewinn. Ohne sie hätte der Weststaat womöglich ganz anders ausgesehen; sie haben ihn mitgeprägt, vom Studentenführer der 68er *Rudi Dutschke* bis zum Außenminister *Hans-Dietrich Genscher*, vom Bundestrainer *Helmut Schön* bis zum Kabarettisten *Didi Hallervorden*."[70] Die Liste derjenigen, die aus dem Osten gekommen sind und später in der Bundesrepublik Einfluss auf die politische Entwicklung genommen haben und z. T. (noch) heute nehmen, ist lang: Sie reicht von – neben den oben bereits Genannten – *Jochen Borchert* über *Burkhard Hirsch*, *Manfred Kanther* bis *Ruprecht Polenz*, *Günter Rexrodt*, *Klaus Staeck* u.v.a.m.. Niemand möge da vorschnell „argumentieren": *„Die meisten waren ja damals noch halbe Kinder!"*

Kinder und Jugendliche waren gezwungen, bzw. wurden gezwungen, mit den Eltern, bzw. mit Vater oder Mutter, in den Westen zu gehen. Viele gingen weg aus der SBZ und dann der DDR, weil sie auf Versprechungen, auf die massive ideologische Propaganda des Westens und Abwerbung hereingefallen sind. Viele gingen aus Verärgerung über undemokratische Entwicklungen in Ostdeutschland. Sie sahen sich in ihrer Hoffnung auf ein

---

[70] K.-H. Baum, a.a.O., S. 625

wirklich neues, wirtschaftlich effektives, demokratisches, antifaschistisches Deutschland enttäuscht. Das von der politische Führung fortdauernd propagierte „schöne Bild" vom Sozialismus wurde immer weniger glaubhaft und schließlich sogar mehrheitlich abgelehnt. Andere sind als politische Gegner von der DDR „ausgebürgert" worden.

Zur historischen Wahrheit gehört auch: Mit der „Ausbürgerung" und dem Abschieben zehntausender Unzufriedener und Andersdenkender hat der Oststaat auf deutschem Boden über Jahrzehnte dem deutschen Weststaat – also, nach dem eigenen Verständnis und Sprachgebrauch: *dem „Klassengegner"* – neben dem wirtschaftlichen auch intellektuelles Potenzial in erheblichem Umfang zugeliefert, und darunter eben vor allem auch kreative, kritische geistige Eliten. Diese haben als vormalige Kritiker des Realsozialismus dann das Antlitz der kapitalistischen Bundesrepublik mit geprägt. Einige von ihnen begleiteten zugleich auch den Weg des *westdeutschen* Staates durchaus kritisch. Sie haben keinen Hehl daraus gemacht, dass sie auch dort mit diktatorischen und repressiven Praktiken keinesfalls konform gehen.

Eigentlich ist es ja ganz normal und selbstverständlich, dass in der Regel nicht gefragt wird, *wo* jemand, der eine Leistung vollbringt oder Karriere macht, geboren ist oder woher er kommt. Das war in der Geschichte meist so, und das wird auch weiter so bleiben. Wer aber, um es noch einmal hervorzuheben, z. B. das *westdeutsche „Wirtschaftswunder"* preist, dabei aber gänzlich den Anteil totschweigt, der dazu aus Ostdeutschland zugeflossen ist, der betreibt Geschichtsfälschung. Den muss man auf die relevanten historischen Fakten verweisen.

Wer sich, in welchem Zusammenhang auch immer, der Mühe unterzieht, diesbezüglich tatsächlich nachzuforschen, wird feststellen: Ein erstaunlich großer Teil derjenigen, die in den Betrieben, in wissenschaftlichen und kulturellen Einrichtungen, in Politik und Verwaltung in den westdeutschen Bundesländern erfolgreich tätig waren und sind, in der westdeutschen Öffentlichkeit in Erscheinung traten und treten, stammt irgendwie von seiner Herkunft her aus Ostdeutschland. Sie sind von dort irgendwann, der eine früher, der andere später, auf der Suche nach größerem persönlichen Erfolg oder einfach nach einem „besseren Leben" abgewandert. Und sie haben in den zurückliegenden Jahrzehnten mit ihren Kenntnissen, mit ihren Fähigkeiten und ihrer Arbeit nicht unwesentlich zum wirtschaftlichen Wachstum der Bundesrepublik Deutschland beigetragen. Sie haben in dieser Zeit beigetragen zu dem, was gestern und eben bis heute das Ansehen dieses Staates in der Welt begründet hat.

H. Wendt schrieb 1991: „Wurden die Flüchtlings- und Ausreiseströme durch die totalitären Strukturen in der DDR ausgelöst, so hatten sie eine destabilisierende Rückwirkung, da sie durch den Verlust eines vorwiegend jungen, gut ausgebildeten, innovativen und kritischen Humankapitals die permanente Krise der DDR noch verstärkte, aber auch die Möglichkeiten für innere Reformen durch diesen Substanzverlust reduziert wurden.
Andererseits hatten die massenhaften Zuwanderungen der Übersiedler aus der sowjetischen Besatzungszone bzw. der DDR zusammen mit den Aussiedlern aus den ehemaligen deutschen Gebieten östlich von Oder und Neiße nicht nur positive Wirkungen auf die demographische Entwicklung der Bundesrepublik Deutschland, sondern auch auf den wirtschaftlichen Aufschwung. Die große Zahl der Flüchtlinge und ihre günstige Altersstruktur führten zu einer nachfragebedingten Steigerung des Wirtschaftswachstums. Darüber hinaus gingen von den gut ausgebildeten Zuwanderungen innovative Impulse auf die sozioökonomische Entwicklung der Bundesrepublik Deutschland aus."[71]

6. „Wir sind e i n Volk!"

Vielen Abgewanderten waren die politischen Zusammenhänge ihres Weggehens einfach gleichgültig. Sie verfolgten ganz profan ihre persönlichen Absichten und Ziele. Arbeiter und Ingenieure wollten lediglich gute, das heißt anspruchsvollere, interessantere, besser bezahlte Arbeit und ein besseres Auskommen. Sie wollten mehr Verantwortung, sie wollten „nicht mehr rumkommandiert werden". Sie wollten in die ganze Welt reisen können. Sie wollten modernere, technisch anspruchsvollere Konsumgüter kaufen können, westliche Pop-Künstler und Westschauspieler live erleben. Sie wollten nicht weiter auf der Verliererseite stehen. Sie wollten sich nicht länger mit wohltönenden Versprechungen auf die Zukunft abspeisen lassen. Sie wollten nicht weiter wegen Kleinigkeiten drangsaliert oder benachteiligt werden.

Schriftsteller wollten ihre Werke *von West-Verlagen* gedruckt sehen, Schauspieler an *West*-Theatern spielen, Regisseure *im Westen* Filme drehen. Es befriedigte sie nicht, nur im Osten bekannt zu sein. So mancher gierte regelrecht danach, auch im *Westen* anerkannt, im *Westen* gedruckt, vom *Westen* hoffiert, „angeregt", „gebeten", und eben letztlich abgeworben

---

[71] H. Wendt, Die deutsch-deutschen Wanderungen, a.a.O., S. 388

zu werden. Oft waren es im konkreten Fall nichtige Dinge, die Künstler und andere Intellektuelle zum Weggehen veranlassten. Nichtige Dinge, die dann auch als „Vorwände" benutzt wurden, um das Weggehen vor Kollegen oder vor der Bevölkerung, vor den bisherigen Lesern, Zuschauern usw. zu „rechtfertigen".
Man sollte aber die Augen nicht davor verschließen: Unmittelbarer *Anlass* für das Stellen von Ausreiseanträgen bzw. fürs Wegbleiben waren in vielen Fällen drangsalierende Aktivitäten der Behörden, und dabei oft genug der Staatssicherheitsorgane gegenüber einzelnen Bürgern. Wer sich ohne Verdrängung bzw. Beschönigung zurück erinnert weiß, dass oft solche „Anlässe" regelrecht erfunden oder provoziert worden sind, und zwar von jeweils *beiden* Seiten.

Andererseits sind viele in die Bundesrepublik gegangen, weil sie meinten, dort mehr für die Verhinderung der endgültigen deutsch-deutschen Spaltung, für eine baldige Wiedervereinigung tun zu können. Viele Übersiedler, Flüchtlinge, Abgeschobene und Ausgebürgerte konnten und wollten die deutsche Spaltung nicht verwinden, waren meist Anhänger eines vereinten Deutschlands. Sie waren in all den Jahren des Kalten Krieges, der Spaltung und Teilung nicht nur harte Kritiker des Realsozialismus, sondern auch zugleich gewissermaßen Vermittler zwischen Ost und West, Klammer zwischen dem Ost- und dem Weststaat auf deutschem Boden. Und in gewisser Weise wurden so manche der Weggegangenen aus dem Osten dann regelrecht zu „Trojanischen Pferden" der dann so Hals über Kopf vollzogenen deutschen Wiedervereinigung.

Zugleich ist auch festzuhalten: So mancher, der damals im Zorn aus der DDR weggegangen ist, hat später, nachdem er die westliche Ordnung gründlicher kennen gelernt hat, diese DDR gegen arrogant-vernichtende Kritik verteidigt. Und der/die eine oder andere hat dann später eingestanden, dass es in der DDR „ja gar nicht so schlimm gewesen sei", dass er/sie sich ja auch im Westen letztlich immer irgendwie „als DDR-Bürger" gefühlt habe. Sie hatten mit dem Realsozialismus gebrochen, waren *aus dem Realsozialismus* **ausgereist**. Und viele stellten dann aber über kurz oder lang ernüchtert fest: Sie waren **eingereist** *in den real-existierenden Kapitalismus*. In einen Kapitalismus, den sie sich – bezogen auf die vormals konsumierte Hochglanz-Propaganda der Westmedien – ja „ganz anders" vorgestellt hatten. ...

Und es ist natürlich in diesem Kontext auch noch ein weiteres Kapitel aufzuschlagen: In der DDR waren über all die Jahre und Jahrzehnte befähigte und qualifizierte Leute ganz speziell und exklusiv damit beschäftigt, den BRD-Kapitalismus und die aggressiven Strategien des Imperialismus unter Hegemonie der US-Administration zu analysieren. Sie sollten die Defizite dieser Gesellschaft und vor allem auch die Gefahren benennen, die sich aus den Entwicklungen im Westen für den Realsozialismus ergeben. Rückblickend bleibt diesbezüglich fest zu halten, dass in der DDR tatsächlich viele Spezialisten *sehr viel* wussten über das Funktionieren dieser westlichen Welt und die Strategien des roll-back. Aber dieses Wissen wurde lediglich in Ausschnitten, das heißt selektiv, ideologisch-propagandistisch aufbereitet öffentlich zugänglich gemacht bzw. für die offizielle Politik genutzt.

Das, was in *DDR*-Fernsehsendungen und -Veröffentlichungen von den auch dort partiell sehr wohl vorhandenen Kenntnissen über die reale westliche Welt öffentlich publik gemacht worden ist, hat – so die nüchternen historischen Abläufe – vollständig die von den Akteuren eigentlich damit verfolgten Zielstellungen verfehlt. Wenn man sich heute mit dem Abstand der inzwischen vollzogenen historischen Abläufe DDR-Publikationen zu den Entwicklungen der Kapitalgesellschaft im Westen anschaut, sticht ins Auge, *wie sehr* viele Autoren seinerzeit vom „Verfaulen" des Kapitalismus, vom bereits ablaufenden „weltweiten Übergang zum Sozialismus", vom „gesetzmäßigen Sieg des Sozialismus/Kommunismus", überzeugt waren. Einzelne dort getroffene Aussagen zum Macht- und Gewalt-Potenzial und der Aggressivität der Kapitalgesellschaft sind nach wie vor zutreffend und richtig. Aber: betroffen macht die Eindimensionalität und Undifferenziertheit vieler Darlegungen, mit denen über die *prinzipiellen Veränderungen* im Widerspruchs- wie auch im Kräftepotenzial in der Welt ab den siebziger und achtziger Jahren des zurückliegenden Jahrhunderts *hinweggesehen* wurde bzw. schlimmer: wohl offensichtlich *hinweggetäuscht* werden sollte.

Die Art und Weise der „Aufbereitung" der vorhandenen West-Informationen durch das offizielle System der Agitation und Propaganda der DDR für die Öffentlichkeit ist ganz eindeutig hinter der Dynamik der Welt- und der Kapitalismus-Entwicklung zurückgeblieben. Und sie ging über die Köpfe der Menschen hinweg. Sie hat große Teile der Bevölkerung der DDR überhaupt nicht erreicht. Schlimmer: Sie, diese Art und Weise der *DDR*-West-Information, -Agitation und -Propaganda, hat große Teile der Bevölkerung nicht davon abgehalten, ihre Emotionen, ihr Fühlen und Streben regelrecht gerade auf diese westliche Welt auszurichten. Sie *sollte* pauschal abschrecken, hat aber eben viele *nicht* überzeugt und gerade eben auch *nicht* DDR-sozialistisch aktiviert. Es ist historischer Fakt: Sie, die DDR-Agitation und -propaganda gegen die West-Kapitalgesellschaft hat nicht verhindert, dass *dieses Land „in den Westen" ging*, dass große Teile der Bevölkerung in den Westen abgewandert sind. Das ist ein weiterer maßgeblicher Punkt, an dem das Versagen, die Fehlleistung der Machthaber in der DDR deutlich wird.

Der „kleine Mann" hat sich zu DDR-Zeiten, besonders in den 1970er und 1980er Jahren über die westliche Welt im *West*-fernsehen informiert. Und er hat dabei eben Tag für Tag, Woche für Woche und Monat für Monat dessen gezielte ideologische Propaganda konsumiert. Viele haben dem, was da über *West*kanäle in ihre Wohnstuben hereingeflimmert ist, mehr vertraut, als dem, was *DDR*-Sender ausgestrahlt, was ihre Vorgesetzten und die Agitatoren im Parteilehrjahr erzählt haben. Sie hatten kein reales Bild vom modernen Monopolkapitalismus. Sie hatten keine Vorstellungen über mögliche Gefahren, über negative Auswirkungen der Kapitalordnung auf den einzelnen und die Mehrheit der Bevölkerung.

Viele DDR-Bürger, die dann in *freien Wahlen* den Beitritt zur Bundesrepublik gewählt haben, meinten, sie wollten ja doch nur **zusätzlich** zu der ihnen bisher gewährleisteten sozialen Sicherheit auch noch die Vorzüge der westlichen Konsum- und Reisegesellschaft erlangen. Sie waren überzeugt, dass sie ihre (sozialistischen) Besitzstände behalten würden, dass man ihnen ja diese ihre selbstverständlichen Besitzstände nicht würde nehmen können. Sie hingen der Illusion an, dass sie **zusätzlich** zu ihren sozialistischen Besitzständen die von den West-Politikern und West-Medien propagierten *West*-Besitzstände würden erlangen können. Vorstellungen, die für Hunderttausende in den zurückliegenden Jahren seit dem Beitritt der DDR zur Bundesrepublik wie Seifenblasen zerplatzt sind.

Und es ist auch belegt, dass die Mitarbeiter der dafür zuständigen Aufklärungs- und Sicherheitsorgane der Sowjetunion und auch speziell der DDR sehr wohl detaillierte Kenntnisse sowohl zu den Fakten und Potenzialen des Westens als auch zu den Strategien der US-Militärs und -Administration gegen die UdSSR und das realsozialistische System hatten. Sie verfügten bekanntlich u.a. auch über Kenntnisse zu maßgeblichen Geheimdokumenten der US-Strategien in der sich immer weiter zuspitzenden militär-politischen und ökonomisch-technologischen Auseinandersetzung mit den sozialistischen Ländern. Es sei hierzu an dieser Stelle lediglich auf die Aufarbeitung in den allgemein zugänglichen Veröffentlichungen in der Reihe „Edition Zeitgeschichte" *(Kai Homilius Verlag)* verwiesen. Und hier wiederum nur zum Beispiel auf: *K. Eichner, E. Langrock, Der Drahtzieher.*[72] – Es ist für diesbezüglich Außenstehende nicht verständlich und auch kaum nachvollziehbar, weshalb diese mit hohem Aufwand und hervorragendem Sachverstand über die Jahre und Jahrzehnte ab 1945/46 bis 1989 beschafften Spezialkenntnisse nicht besser für die Erarbeitung irgendwie realisierbarer Gegenstrategien genutzt werden konnten – als es dann schließlich „ums Ganze" ging. Als es in den Verhandlungen mit dem Westen darum ging, den vollständigen Untergang des realsozialistischen Systems in Europa aufzuhalten oder zumindest zu Teilen für die Völker der betroffenen Länder einigermaßen erträglich zu gestalten.

– Was bleibt? –

Ostdeutschland hatte nach dem Ende des Zweiten Weltkrieges erheblich schlechtere ökonomische Ausgangspositionen als Westdeutschland. Darüber hinaus sind im Kalten Krieg vom Westen aus dem Realsozialismus und so auch der DDR übermäßige Rüstungsausgaben aufgezwungen worden, die dort große Abstriche im Lebensstandard der Bevölkerung zur Folge hatten. Und mit ihrem überlegenen ökonomischen und technologischen Potenzial hat die Bundesrepublik auf allen erdenklichen Ebenen einen gewaltigen Druck auf die DDR und die Bevölkerung Ostdeutschlands ausgeübt. Diesem Druck sind viele Menschen dort erlegen. Sie haben ganz einfach ihrer Heimat den Rücken gekehrt. Diese millionenfache Abwanderung hat in beachtlicher Größenordnung zur Stärkung der Wirtschaftskraft der Bundesrepublik beigetragen. Auf der anderen Seite hat diese Abwanderung nahezu eines Drittels der Bevölkerung aus Ostdeutschland die Ökonomie sowie das Lebensniveau in der DDR existenzgefährdend beeinträchtigt. Die deutsch-deutsche Migration von 1945 bis zum Untergang des Staates DDR hat also – hier einmal abgesehen von den beruflichen Karrieren vieler einzelner Abgewanderter im Westen – im Wesentlichen *nur der einen Seite*, der Alt-Bundesrepublik Nutzen gebracht.

Sich den historischen Fakten in ihrer ganzen Vielschichtigkeit und Widersprüchlichkeit zu stellen, zwingt in diesem Zusammenhang zu konstatieren: Das Zurückbleiben des Realsozialismus und letztendlich seine historische Niederlage im unerbittlichen Wettstreit der Systeme ist nicht allein und aus-

---

[72] a.a.O.

schließlich der aggressiven Einflussnahme von Seiten des Westens geschuldet. Es vereinfacht die Sachlage, wenn man heute – aus welchen Motiven auch immer – rückblickend die Verantwortung für das Zurückbleiben und den Untergang der DDR und des Realsozialismus *allein* und voll und ganz *„dem Westen"* auferlegen und dem Kalten Krieg zurechnen will.
Es hilft nicht weiter, und es ist vor allem auch der dringend anstehenden Suche nach neuen tragfähigeren Alternativ-Konzepten für eine moderne gerechtere Ordnung, für einen neuen sozialistischen Ansatz in einer globalisierten Welt nicht dienlich, wenn man die Fehler, Irrtümer und Schwachpunkte der abgebrochenen realsozialistischen Praxis übersieht, verschweigen oder wegreden will.
Auch im Zusammenhang mit der hier interessierenden Problematik der Abwanderung aus Ostdeutschland ist u. a. nochmals der Blick auch auf die *„Nachteile der Vorzüge des Sozialismus"* zu richten: All zu viele haben in der DDR die auf der Grundlage des „sozialistischen Eigentums" für die werktätige Bevölkerung gewährleistete soziale Absicherung einfach als *Selbstverständlichkeit* hingenommen. Sie konnten sich wie gesagt überhaupt nicht vorstellen, dass etwa irgendwer irgendwann das in der DDR für jeden, der arbeiten wollte, gewährleistete *Recht auf Arbeit* **und** *soziale Sicherung* in Frage stellen könnte!

Und die DDR-Führung hat ihrerseits selbst mit ihrer letztlich ineffektiven Wirtschaftspolitik und mit ihrer Politik der Abschottung, der Diffamierung, Ausgrenzung, Verfolgung und Abschiebung Andersdenkender wesentlich *mit* auch **Ursachen und Bedingungen** für die Abwanderung beachtlicher Teile der eigenen Bevölkerung in den Westen gesetzt. Für eine Abwanderung, die dem Aufbau im Osten lebenswichtige Menschenpotenziale entzogen und eben der Westgesellschaft zugeführt hat. Für eine Abwanderung, die zugleich, eskaliert zur spektakulären Massenflucht, regelrecht *„wie zu einem happening"*, letztlich den Untergang des eigenen Staatswesens ausgelöst hat.
Gerhard A. Ritter hat ganz nüchtern konstatiert: „Die Auswanderung aus der DDR ... hatte also nicht nur wesentlichen Anteil am Fall der Mauer am 9. November 1989. Sie hat auch den politischen Prozess, der am 3. Oktober zur deutschen Einigung führte, entscheidend beschleunigt."[73]

---

[73] G. A. Ritter, in: B. Effner, H. Heidemeyer, a.a.O., S.47

In diesem Massenrausch, in dem der Staat DDR binnen weniger Wochen einfach untergegangen ist, wurde schlagartig deutlich, dass es weder bei den vormals die dort führende Partei Repräsentierenden und die staatliche Macht Ausübenden noch bei den vormaligen geistigen Eliten des Landes auf Dauer angelegte tragfähige Konzepte gegeben hat, mit denen man dem übermächtigen Druck aus dem Westen zum bedingungslosen Beitritt zur Bundesrepublik und damit zu absoluter Fremdbestimmung hätte entgegen treten können. Und es hat sich schließlich erwiesen, dass das ja eben auch genauso für Bürgerrechtler und „Oppositionelle" gilt, die damals Ende der 1980er Jahre kurzzeitig das öffentliche Leben zu bestimmen glaubten. Bürgerrechtler und „Dissidenten" sind in diesen entscheidenden Wochen und Monaten ja lediglich eine Randerscheinung der ostdeutschen Gesellschaft geblieben.

Die *Modrow*-„Regierung der großen Koalition" stand sozusagen mit leeren Händen da. Auch *H. Modrow* selbst kam nicht umhin festzustellen: „Die einzig bittere Gewißheit: Überall brodelte es. Ideen aber für eine verlässliche, von möglichst vielen Menschen getragene Umgestaltung der DDR lagen nicht auf jener Straße, von der es inzwischen hieß, sie regiere das Land. Auch in den verschiedenen wissenschaftlichen Einrichtungen der SED und des Staates, seit Jahrzehnten mit Zukunft beschäftigt und nun wie alle SED-Funktionäre von ihr überrascht, waren solche verlässlichen Ideen dünn gesät."[74]

Angesichts der dann nach dem vollzogenen Beitritt Platz greifenden flächendeckenden Liquidierung der Ökonomie- und Verwaltungsstrukturen der untergegangenen DDR kann ja ernsthaft wirklich nicht die Rede davon sein – wie regierungsoffiziell jetzt zum Teil regelrecht beschwörend behauptet wird – dass in den Verhandlungen über das WIE der deutschen Wiedervereinigung „erhebliche Bonner Konzessionen *zugunsten der Ostdeutschen*" erreicht worden wären.

In den 1960er und 1970er Jahren war man in der DDR parteioffiziell und der breiten Öffentlichkeit gegenüber beschäftigt mit dem Nachdenken über den „weltweiten objektiv gesetzmäßigen Sieg des Sozialismus", über den „schrittweisen Übergang zur höheren Phase der kommunistischen Gesellschaft", u.a.. Zum Beispiel ist auf der Grundlage der Beschlüsse des VI. Parteitages der SED Ende der sechziger und Anfang der siebziger Jah-

---

[74] H. Modrow, Ich wollte ein neues Deutschland, Berlin 1998, S. 330f.

re verstärkt darauf orientiert worden, eine „gesellschaftliche Gesamtprognose der DDR", eine „wissenschaftlich begründete langfristige Perspektive der gesellschaftlichen Gesamtentwicklung bis zur Vollendung des Sozialismus in der DDR" zu erarbeiten.[75]

Einerseits waren angesichts der Bedrohlichkeiten des sich verschärfenden Kalten Krieges genauere Aussagen über die Perspektiven der Entwicklung lebensnotwendig. Sie waren dringend gefordert. *Andererseits* hat man mit solchen weit in die Zukunft weisenden prognostischen Überlegungen aber sowohl von brennenden Alltagssorgen breiter Volksschichten ablenken, als auch über die tatsächlich immer bedrohlicher werdende Gefahr des tatsächlichen Untergangs des Realsozialismus hinwegtäuschen wollen. Bei diesen prognostischen Überlegungen und „Vorgaben" zu künftigen Entwicklungen sind die Tatsächlichkeiten des Realsozialismus und vor allem auch die wirklichen Befindlichkeiten und Bestrebungen der Menschen nicht genügend berücksichtigt worden. Zum anderen ist bei diesen prognostischen Überlegungen nicht genügend beachtet bzw. berücksichtigt worden, welche *völlig neuen*, anders gearteten Probleme, Konflikte und Gefahren im Zusammenhang mit der rasanten Globalisierung auch auf die realsozialistische Welt zukommen würden.

Die vollzogenen historischen Abläufe haben auch in diesem Punkt eindrucksvoll erwiesen, dass die Realität nicht sozusagen eins-zu-eins nach theoretisch erarbeiteten und ausformulierten Vorgaben in eine ganz bestimmte Richtung positiv verändert werden kann. Es ist problematisch, wenn man meint, aus den Eckpunkten eines ausformulierten theoretischen Systems „objektive Gesetzmäßigkeiten" der weiteren Entwicklung ableiten zu können, und dass diese dann sozusagen lehrbuch- bzw. eben „planmäßig" durch das Handeln der Volksmassen „umgesetzt" werden. Die tatsächlich sich vollziehenden Abläufe weichen in der Regel durch die konkreten Umstände bedingt ganz erheblich von solchen theoretisch konstruierten „Vorgaben" und „Gewissheiten" ab.

Denn die konkreten Menschen lassen sich in ihrem Verhalten und Handeln zu aller erst von individuellen und Gruppeninteressen, -Bestrebungen, -Wünschen und -Zielen leiten. Und die sind oftmals eben doch recht weit entfernt von den von den Oberen vorgedachten, theoretisch ausformulierten und irgendwo abgedruckten Leitsätzen oder Verhaltenskatalogen.

Einer der Gründe für den Untergang des Realsozialismus war ganz gewiss, dass die Machtausübenden zu sehr von einem vorgedachten, mehr

---

[75] siehe u.a.: K. Hager, Grundfragen des geistigen Lebens im Sozialismus, Berlin 1969, S. 15ff.

oder weniger abstrakten umfassenden Sozialismus-Bild ausgegangen sind. Und dieses Konzept hat die Umstände und die Bedingungen des Lebens, Denkens und Verhaltens des einzelnen Individuums, das Handeln der konkreten Menschen unter den konkret gegebenen Bedingungen nicht genügend berücksichtigt, sprich: ganz einfach vernachlässigt. Diejenigen, die die Macht und das Sagen hatten, wollten in der Bevölkerung Gewissheiten verbreiten. Diese haben sich aber weitgehend als falsch erwiesen. Die Machtausüber haben nicht genügend zugehört. Sie haben nicht wirklich den Dialog gesucht mit den Gruppen und Gruppierungen der Bevölkerung, die die tatsächlichen Wünsche, Bestrebungen, Ziele und Interessen der konkreten Menschen artikuliert haben, wie zum Beispiel nur den Kirchen und vielen Theologen in der DDR.

Und weiter: Es kann auch nicht geleugnet, verdrängt, oder weggeredet werden, dass in der zweiten Hälfte der 1980er Jahre dann so mancher dagebliebene Intellektuelle, der im Sinne von *Gorbatschows* „Glasnost" und „Perestroika" stehen gebliebene und uneinsichtige DDR-Obere kritisierte, wohl in eigentlich guter Absicht regelrecht zum **Stichwortgeber** für die Massen auf der Straße geworden ist. Für diejenigen, die bisher im Osten, in Ostdeutschland dageblieben waren und nun aber nachdrücklich zum Ausdruck brachten, dass sie „*so* nicht weiter leben" wollten, dass es „*so* nicht weiter gehen kann". Zum Stichwortgeber ja eben dann auch – ob der/die eine oder der/die andere das wollte, oder eben auch gerade **nicht** wollte – für den Umschwung dieser vielen einzelnen Unzufriedenen und dann der auf den Straßen demonstrierenden Bevölkerungsmassen, die bisher nicht abgewandert waren, von der Wende-Losung: „*Wir sind das Volk*" zur Beitrittslosung: „*Wir sind e i n Volk!*"

Unter diesen kritischen Intellektuellen, die zu Stichwortgebern für die Aufbegehrenden auf der Straße wurden, waren viele, denen die DDR-Führung vordem gerade besondere Vergünstigungen, Privilegien, Vorteile und Zugeständnisse – z. B. auch zu Westreisen, zur Aus- und Wiedereinreise in die DDR – eingeräumt hatte. Viele dieser Intellektuellen und Kulturschaffenden *wussten* also zwangsläufig *mehr* über Westdeutschland und die Praktiken des modernen Kapitals, über die weltweit neu heranreifenden Globalisierungskonflikte. Sie *wussten mehr*, als der „kleine Mann auf der Straße", der bisher hier im Osten immer nur fleißig seiner Arbeit nach gegangen ist, der *hier* ausgeharrt und *hier* auf bessere Zeiten gehofft hatte. Der eben in der Regel nicht hin- und herreisen konnte. Der legal lediglich angewiesen war auf die einseitige offizielle ideologische Agitation und Propaganda der SED-Führung.

In vielen Bereichen der DDR-Gesellschaft, in inoffiziellen Gremien, aber auch auf Konferenzen und Fach-Tagungen haben diejenigen, die von Staats wegen die Erlaubnis hatten, ins westliche Ausland reisen zu dürfen, mit ihrer West-Kenntnis brilliert (natürlich nur soweit dies die Sicherheitsorgane gestattet haben). Das reichte vom Zelebrieren einzelner Sachargumente aus ihnen exklusiv zugänglicher West-Literatur bzw. aus dortigen Gesprächsrunden bis hin zur weltmännischen Art und Weise des Auftretens, womit man den anderen seine Überlegenheit vor Augen führen konnte.

Über die möglichen bzw. doch bei nüchternem Nachdenken sehr wohl absehbaren Konsequenzen einer konzeptionslosen totalen Öffnung nach Westen und einer vom Osten her konzeptionslosen „Wiedervereinigung" haben damals die meisten derjenigen, die dann de facto zu Stichwortgebern für die Demonstranten auf der Straße wurden, geschwiegen. Kaum einer der Bürgerrechtler oder oppositionellen Schriftsteller, der gewiss zu Recht Kritik an der Endzeitpolitik der DDR-Führung geübt und eine „Wende", einen besseren Sozialismus gefordert hat, hatte die Gefährlichkeit der Situation, also das reale Ausmaß der tatsächlich bestehenden Gefahr erkannt. Kaum einer hatte einkalkuliert, dass diejenigen, die hier geblieben waren und nun aber auf der Straße den Beitritt der DDR zur Bundesrepublik herbeiführten, direkt und unvermittelt weitermarschiert sind in die moderne Turbo-Kapitalgesellschaft! In eine nach außen hin verführerisch glitzernde Gesellschaft, mit all den ersehnten Konsum- und Reisefreiheiten, zugleich aber eben auch mit gnadenloser Arbeits- und Perspektivlosigkeit für Hunderttausende einfacher Menschen im Osten. Das heißt also: de facto *zurück*-marschiert sind in eine Ordnung mit unerbittlichem Kampf um Arbeit, Auskommen und soziale Sicherheit. Eine Ordnung, in der sich die Gegensätze von Oben und Unten, von Reich und Arm immer mehr zuspitzen. Eine Ordnung mit vorher nicht gekannter oder etwa auch nur erahnter Existenzangst und Perspektivlosigkeit vor allem eben wiederum für die vielen „kleinen Leute". Und dann auch noch gekoppelt mit der unverhohlenen Aufforderung zur Suche nach Arbeit und Perspektiven *andernorts*, sprich: in den alten Bundesländern. Also wiederum und erneut regelrecht mit der *Aufforderung* abzuwandern!

In diesem Beitrittsgetöse ist 1989/1990 der sorgenvoll-mahnende Ruf einzelner, darunter auch von Vertretern der Kirchen in der DDR:

„Bleibt *hier*, wir müssen *hier* etwas ändern!" einfach untergegangen. Vertreter derjenigen, die tatsächlich *hier* etwas verändern und das Land *nicht* verlassen wollten, fanden sich am *Runden Tisch* zusammen. Einer Einrichtung, hervorgegangen aus demokratischen Bürgerbegehren, beseelt vom Bestreben, in die „Räder der Geschichte" einzugreifen, die dann aber – diese „Räder der Geschichte" – schnell und unerbittlich, unaufhaltsam einfach auch über diese *Runden Tische* und deren Vorstellungen zu Veränderungen zum Besseren hinweggerollt sind. Wobei aber eben auch hierzu – nur der Vollständigkeit halber – konstatiert werden muss, dass der/die eine oder andere, der/die seinerzeit an „Runden Tischen" saßen, dann dennoch z. T. ganz schnell ihre Position in den später Platz greifenden Strukturen gefunden haben. ...

Die Unerbittlichkeit, die Tragik der Geschichte geht dann aber noch viel weiter. Sie besteht auch noch darin, dass *alle* Beteiligten – die, die im Osten dageblieben, *und* jene, die aus Ostdeutschland nach Westen abgewandert sind – letzten Endes gleiches Schicksal ereilt hat: Durch den überstürzten Beitritt der DDR zur Bundesrepublik, durch *diese Art* der Vereinigung nach der Strategie des Westens – so konzeptionslos, wie sie vom Osten her nun einmal vollzogen worden ist, bzw. eindeutiger gesagt *für* den Osten, d.h. *auf Kosten* des Ostens vollzogen worden ist – sind die seinerzeit *Abgewanderten* **u n d** die *Dagebliebenen* am Ende alle „im gleichen Boot" gelandet.

Diejenigen, die bereits in den 1950er und 60er Jahren, sowie im historischen Kontext betrachtet eben auch alle, die **vor 1989** abgewandert waren, hatten dabei „die besseren Karten". Sie hatten im Ergebnis den Vorteil, sich *„rechtzeitig"* auf den Weg gemacht zu haben. Sie wurden noch als Überläufer gefeiert. Vielen von diesen ist ein schneller Neuanfang im Westen ermöglicht worden.

Hunderttausende, die zu Hause abgewartet hatten – einschließlich derjenigen, die an ihren Schreibpulten von einer „Wende" geträumt, in nächtelangen Debatten über eine „Wende" zu einem menschlicheren Sozialismus philosophiert hatten – sind im Strudel des Beitritts, der faktischen Übernahme und Besetzung im Sinne des Wortes vereinnahmt, abgewickelt und ausgegrenzt, ins Abseits, in die Bedeutungslosigkeit abgeschoben worden. *Sie* waren seinerzeit *nicht* ins andere Land abgewandert. Dieses „andere Land" ist dann aber ganz einfach auch *zu ihnen,* regelrecht *über sie* gekommen. Mit allen nun einmal daraus folgenden Konsequenzen.

Nach dem Versagen, dem sang- und klanglosen Abtritt der verbliebenen DDR-Oberen haben die „Wir-sind-ein-Volk-Demonstranten" das Tor zum schnellen, überstürzten, bedingungslosen Beitritt der DDR zur Bundesrepublik aufgestoßen. Sie, diese Demonstranten, sind nicht nur selbst freiwillig in diesen anderen Staat gegangen. Sie haben damit auch die anderen, seinerzeit im Osten Dagebliebenen allesamt Hals über Kopf zu „Einwanderern" in die Westgesellschaft gemacht. Makaber dabei: Frappierend schnell fand ein erheblicher Teil der Bürgerrechtler und der seinerzeitigen „Oppositionellen" zum Konsens mit den neu installierten westlichen Machtstrukturen im Osten.
Dass auch *sie*, die vormaligen Bürgerrechtler (außer den bekannten kompletten „Wendehälsen") in diesen Machtstrukturen letztlich überhaupt nicht gefragt waren, nicht mehr gebraucht wurden, haben viele erst Monate oder eben auch erst Jahre später in der ganzen deprimierenden Tragweite begriffen. Manchen von ihnen wurde erst dann wirklich klar, dass solche wie sie ja nun nicht mehr gefragt sind, als sich gerade für sie kein aussichtsreicher Platz auf den aktuellen Wählerlisten mehr fand. Aus der Sicht derjenigen, die nun das Sagen hatten, hatten sie, die früheren „Bürgerrechtler", ja die ihnen zugedachte Rolle erfüllt.

Erst nachdem sich die dem Osten versprochenen „blühenden Landschaften" doch weitgehend als schöne Illusion erwiesen hatten, erhoben auch seinerzeitige Stichwortgeber für den „Aufbruch zu neuen Ufern" erneut ihre kritische Stimme, nunmehr natürlich gegen die nun auch im Osten ungebremst agierende Kapitalgesellschaft.
Aber da war bereits „alles gelaufen", waren „alle Messen gelesen", waren die Züge abgefahren. Die „Treuhandanstalt" war nicht mehr daran zu hindern, ihr Werk zur kompletten Deindustrialisierung und ökonomischen Abwicklung Ostdeutschlands „erfolgreich" zu vollenden. Da grassierte bereits Massenarbeitslosigkeit, von der vorher natürlich nirgendwo die Rede gewesen war. Weder von denen, die vom Westen her den Ostdeutschen „blühende Landschaften" versprochen hatten. Noch von denjenigen im Osten, die eine „Wende", einen „besseren Sozialismus" erträumt bzw. offen propagiert hatten. Erwerbslosigkeit und Sozialabbau in einem Ausmaß und mit Folgen, wie sie sich keiner der seinerzeit Dagebliebenen und auch kaum einer der vordem Abgewanderten auch nur annähernd hat vorstellen können. Die nüchternen Zahlen über das Produktivitäts- und Lohnniveau, über das Ausmaß der Arbeitslosigkeit, über das Fehlen qualifizierter Arbeitskräfte, über den Rückgang der Geburten u.a. im

Beitrittsgebiet belegen den immer größer werdenden Abstand zu den alten Bundesländern.

Viele der vormaligen geistigen Eliten der DDR waren zwischenzeitlich verstummt, hatten resigniert, weil sie die *von anderen* beherrschten rasant ablaufenden Prozesse nicht effektiv haben beeinflussen können. Sie hatten resigniert angesichts flächendeckend vernichtender Auswirkungen der Monopol-Kapitalmarkt-Gesellschaft des Westens im Osten. Wegen erfolgter Ausgrenzung und Diffamierung haben sie sich zurück gezogen oder begrenzen sich auf den Gedankenaustausch im Kreis Gleichgesinnter. Gewiss ein tragischer Kreislauf.
An dieser Stelle soll nur auf ein einziges persönliches Schicksals-Beispiel verwiesen werden: Der talentierte und geachtete Regisseur u. a. des wunderschönen DEFA-Films nach dem *Bobrowski*-Roman „Levins Mühle", *Horst Seemann*, wurde mit der „Wende", mit dem Beitritt der DDR zur Bundesrepublik arbeitslos. Er wurde „nicht mehr gebraucht." Hat dann in München in einem Privathaushalt als Gärtner gearbeitet – und ist dort einsam und von der „Welt", in die er aufgebrochen war, nicht beachtet verstorben ...

Die im Sinne des Wortes Leidtragenden sind – wie eh und je – die Millionen „kleiner Leute". Die, die zu DDR-Zeiten *dageblieben*, fleißig „für den Arbeiter-und-Bauern-Staat" gearbeitet, den schönen Worten der Oberen und der Intellektuellen von der bald einsetzenden sozialistisch-kommunistischen Zukunft mit einem besserem Leben auch für sie vertraut und auf kommende Zeiten gehofft hatten. Die dann auf die schönen Reden einerseits von „Wende" und „neuen Ufern" und andererseits von D-Mark, Konsum, deutscher Einheit, *„Reisefreiheit"* und *„Freiheit"* überhaupt hereingefallen sind.

Rückblickend auf diese Zeit, auf die öffentlichen Reden und die Massenproteste auf der Straße damals fällt eines ganz besonders auf: Überall war die Rede von *Konsum- und Reisefreiheiten*, von den Forderungen des „kleinen Mannes" als *Käufer*, als *Konsument*, als *Reisender* usw.. Dagegen kam bei den Auseinandersetzungen damals nur selten bzw. nur ganz am Rande – zum Beispiel von einigen Gewerkschaftern – zur Sprache, was denn die Ostdeutschen als *Arbeitende,* als *Produzierende,* als *Produzenten* bewegt oder bewegen könnte. Welche Konsequenzen sich in Folge der Herstellung der staatlichen Einheit Deutschlands für den einzelnen Berufstätigen ergeben könnten.

Es ist ein doch erstaunlicher Fakt, dass in diesen entscheidenden Wochen auf dem kurzen Weg zur deutschen Einheit im öffentlichen Streit die Konsequenzen *für die Arbeitswelt der Werktätigen* weitgehend ausgespart, ja regelrecht verdrängt worden sind. Und das betrifft genauso die *Enteignungs- und Privatisierungsprozesse in der Wirtschaft* insgesamt. Sie, die Konsequenzen für die Arbeitswelt und das „Volkseigentum" sind nicht nur nicht verhindert oder für die Werktätigen einigermaßen verträglich gestaltet, sie sind ja was ihr Ausmaß, den Umfang und die Größenordnungen betrifft, wie sie dann binnen weniger Monate vollzogen worden sind, *nicht einmal annähernd thematisiert worden.* Die weiteren Abläufe haben erwiesen, dass das nicht versehentlich, beiläufig oder von ungefähr geschehen ist.

Die diesbezügliche Analyse der Meinungsäußerungen in den Zeitungen und anderen Massenmedien, auch in Fachzeitschriften jener Monate belegt das anschaulich und ernüchternd zugleich. Das betrifft auch die Mehrzahl der verschiedenen, über die Medien verkündeten mehr oder weniger programmatischen Äußerungen und Forderungskataloge der agierenden Bürgerrechtler sowie auch von Kulturschaffenden und anderen Intellektuellen aus den 1990er Jahren, in denen diese Seiten der Problematik oft hinten an gestellt waren. *In diesen entscheidenden Wochen und Monaten* waren öffentlich auch nur vereinzelt Äußerungen von Wirtschafts- oder auch Arbeitswissenschaftlern vernehmbar, die diesbezüglich auf den Ernst der kommenden Situation verwiesen hätten. Aufsehen erregende und tatsächlich durchschlagende Warnungen von Seiten der Ökonomen und der zahlreichen DDR-Wirtschaftsfunktionäre sind im Medien-Einheitsrausch damals regelrecht untergegangen.

Das belegt zum einen, dass – trotz des Ärgers und der Schwierigkeiten im Alltag in vielen DDR-Betrieben im einzelnen – von den *Arbeits-* und *Produktions*prozessen her in der Regel *nicht* die maßgebenden Anstöße für die Proteste und Forderungen zur „Wende" bzw. dann zur Wiedervereinigung ausgegangen sind. Und es belegt zum anderen, dass sich die Mehrheit der Ostdeutschen und vor allem der auf den Straßen vehement die D-Mark und Reisefreiheit Fordernden offensichtlich nicht einmal annähernd vorstellen konnte, dass viele von ihnen mit der Herstellung der Einheit Deutschlands, mit den von ihnen ersehnten Konsum- und Reisefreiheiten ihrer persönlichen *Existenzgrundlage*, sprich ihrer *Arbeit* und ihres bisher selbstverständlich gesicherten *Arbeitsverdienstes* und *sozialer Sicherheiten* verlustig gehen könnten.

Auch durch diese erfolgte *Verschiebung der Proportionen* in der öffentlichen Auseinandersetzung ist der Mentalitätswandel, das Umschwenken der auf den Straßen Ostdeutschlands Marschierenden im Sommer und Herbst 1990 zum schnellen Vollzug der staatlichen Wiedervereinigung manipuliert worden. Hinter dem Rauchvorhang der euphorischen Forderungen nach *Reise-* und *Konsumfreiheiten* sowie nach *„Einheit in Freiheit"* sind die für die Mehrheit der Bevölkerung existenziell entscheidenden Probleme von gesicherter Arbeit und sozialer Sicherheit überspielt, in den Hintergrund gedrängt worden.

Das hat nicht unwesentlich dazu beigetragen, dass dann, nachdem so schnell der Beitritt zur Bundesrepublik vollzogen worden ist, die nun die Geschäfte übernehmenden Verwaltungen und Unternehmen die in Ostdeutschland bis dahin bestehenden ökonomischen Strukturen *in kürzester Zeit* umstülpen, das heißt *zerschlagen* konnten. Mit den bekannten Konsequenzen für die Belegschaften der Mehrzahl der vordem existierenden Kombinate, Großbetriebe und Verwaltungen. Und daran hat ja auch so mancher ostdeutsche Wirtschaftsfunktionär im Dienste der „neuen Herren" tatkräftig mitwirken müssen. Knall und Fall erfolgte faktisch die totale Enteignung der Ostdeutschen, vor allem der großen Mehrheit der Bevölkerung, die von ihrer Hände Arbeit gelebt hatte. Also abgesehen lediglich von den wenigen, die persönlich über Immobilien, Grundstücke oder nennenswerte Vermögenswerte verfügt hatten. Überall massenhaft Insolvenz der bis dahin funktionierenden Betriebe, fast vollständige Liquidierung der Industrieproduktion, Vernichtung von fast 50 Prozent der Arbeitsplätze in Ostdeutschland bis Ende 1991.

Jetzt werden in Rückblicken seinerzeit in der DDR für die Bevölkerung erreichte Errungenschaften aufgelistet – die inzwischen *verloren* sind.
Erst mit großer Zeitverzögerung werden auch Äußerungen oder Einschätzungen hörbar, was damals versäumt worden ist. Wie unter Umständen für die Mehrheit der ostdeutschen Bevölkerung doch irgendwie befriedigendere Lösungen hätten erreicht werden müssen. So mancher, der seinerzeit – oft mehr leise als laut – die Endzeit-DDR-Führung kritisiert, dann oft auch in die „Wende"-Rufe eingestimmt hatte, den sich dann vollziehenden Abläufen aber sprach- und machtlos gegenüber stand, macht heute *im Nachhinein* seine Erkenntnisse öffentlich. Das hilft, wenigstens im Nachhinein wesentliche Zusammenhänge transparent zu machen.
Diese Erkenntnisse und Einsichten *von heute* können aber überhaupt nichts an den zum Nachteil und auf dem Rücken vieler kleinen Leute vollzogenen Abläufe ändern. Solche kommentierenden und klarstellenden

Meinungsäußerungen *im Nachhinein* können denen überhaupt nicht helfen, die zwischenzeitlich in der Regel ohne jedes eigene Verschulden arbeitslos und von denen aktuell ganz real immer mehr zu Beziehern von ALG-II werden.
Dazu bleibt letztlich nur festzuhalten: Die einen ordnen sich zwischenzeitlich ganz einfach ein – wie die Sozialforscher formulieren – bei den „kritischen Bildungseliten" der Bundesrepublik. Aber auf der anderen, unteren Seite der Tabelle stoßen in Ostdeutschland immer mehr Menschen, darunter auch viele Hochschulabsolventen und andere qualifizierte Leute, zur Gruppe des sogenannten „abgehängten Prekariats".

So mancher kritisiert heute zurückschauend auch berechtigt die seinerzeit in der DDR immer mehr von den Interessen der Bevölkerung abgehoben Herrschenden. Und er prangert auch meist ganz sicher zutiefst berechtigt heute dort in den neuen Bundesländern zu Gunsten des Kapitals im Westen agierende neue Herren an. Bloß: was hilft der nostalgische Rückblick auf seinerzeit Versäumtes, auf Verlorenes bzw. diese oder jene individuelle moralische Entrüstung des einen oder anderen *heute* tatsächlich denen, die zu Hunderttausenden die tatsächlich Benachteiligten und Leidtragenden der Folgen *dieses* Beitritts zur Bundesrepublik geworden sind?
Was kann jetzt *im Nachhinein* geäußerte Kritik einiger weniger vor allem den unzähligen Kindern wie auch den Enkeln der heute ausgegrenzten und abgewickelten Ostdeutschen helfen? Wie können solche Erklärungen *im Nachhinein* tatsächlich den Töchtern und Söhnen der Facharbeiter, Ingenieure, Angestellten oder auch Wissenschaftler helfen, die in Folge der Ausdehnung der Regierungsgewalt der Bundesrepublik auf die neuen Beitrittsländer zu Hunderttausenden ganz real und total ihre Arbeit und damit ihren Lebensinhalt, ihre persönliche und familiäre Perspektive verloren haben? Die eine Perspektive real nur haben, wenn sie aus diesem Ostdeutschland *abwandern*. Womit die abgelaufenen verheerenden Kreisläufe unerbittlich fortgeführt werden.
Solcherart Reden im Nachhinein können allenfalls als Versuch für selbstentlastende Rechtfertigung in den kleinen Kreisen Gleichgesinnter herhalten. Darüber hinaus helfen sie doch aber letztlich wenig. Vielmehr können sie jene anstiften, die als Leidtragende dieser Entwicklung für sich als vermeintlichen Ausweg nur sehen, aus Ostdeutschland wegzugehen oder eben sich ins Private zurückzuziehen. Die nach allem, was sie durchleben mussten, nur sagen: *„Ich werde mich hüten, noch mal zu irgendeiner Wahl zu gehen!" „Lasst mich doch bloß in Ruhe!", „Ihr könnt mich mal mit*

Eurem sozialistischen Gequatsche...!" Bzw. stiften sie sogar direkt oder indirekt diejenigen an, die da ganz schnell auch zu irgendwelchen Gewaltaktionen aufrufen. Zu Gewaltaktionen, die aber in ihren Folgen für die, die in der Öffentlichkeit gegen die jetzt herrschenden Machtstrukturen agieren und für die einfachen Leute, unberechenbar sind.

Die kritische Rede von heute kann nicht verdecken oder ungeschehen machen, dass oftmals die gleichen Persönlichkeiten ja eben *damals, als es darauf ankam,* leider (auch) keine tragfähigen Konzepte hatten für einen Weg in ein tatsächlich besseres wiedervereinigtes Deutschland. In ein wiedervereinigtes Deutschland, in dem für die überwiegende Mehrheit der arbeitsfähigen Bevölkerung in West und Ost ein sozial abgesichertes, freies, mit gesellschaftlich nützlicher Tätigkeit ausgefülltes und auf Dauer friedliches Leben gewährleistet ist. Zumindest haben *damals, als es darauf ankam,* irgendwelche und irgendwie realisierbare Alternativvorstellungen für eine derartige Arbeits- und Wirtschaftsordnung diejenigen, die dann später in Massen ihre Arbeit verloren haben, nicht erreicht.
Die, die damals lauthals auf den Straßen demonstriert haben und „bessere Zustände" einforderten, sind schnell ihren vermeintlichen Fahnenträgern, den Bürgerrechtlern und jenen, die von hastig etablierten Tribünen her zu „neuen Ufern" aufriefen, ganz einfach auf und davon marschiert. Sie sind unter ihnen attraktiv erscheinenden Tageslosungen davon- und damit im historischen Kontext im Sinne des Wortes *zurück*marschiert. Zurückmarschiert in eine Ordnung, die neben viel äußerlichem Glanz für eine beachtliche Zahl von Menschen Perspektivlosigkeit und schlicht Armut bedeutet. Ihr Staat war untergegangen. Ein scheinbar bzw. den offiziellen Verlautbarungen nach „für die Ewigkeit" angelegtes System war zusammengebrochen. Und dieses System ist in kürzester Frist durch ein anderes ersetzt worden – das ja aber eben auch endlich ist. Was nur diejenigen nicht wissen, die diese Erfahrung noch nicht gemacht haben. ...
Es hilft leider heute überhaupt nicht weiter, angesichts der um sich greifenden Ernüchterung und Enttäuschung, des zunehmenden Frustes über die in Ostdeutschland wieder etablierte West-Gesellschaft immer nur sehnsuchtsvoll Rückschau zu halten auf das, was zu DDR-Zeiten zu den selbstverständlichen sozialen Besitzständen für alle Arbeitenden gehört hat. Es ist wichtig, für die nachwachsenden Generationen festzuhalten, welche Ziele mit dem Versuch, auf deutschem Boden erstmals Sozialismus zu errichten, angestrebt waren. Es ist wichtig festzuhalten, was dabei erreicht worden ist und welche Ursachen zum Scheitern dieses Sozialismus-Versuchs nach sowjetischem Muster geführt haben. Noch wichtiger ist es

aber, dass diejenigen, die am Gestalten der realsozialistischen Ordnung mitgewirkt haben, aus der Analyse der erworbenen Erfahrungen einschließlich der Fehlentscheidungen und Irrtümer sowie des erlebten Scheiterns mit allen seinen Folgen möglichst handhabbare Schlussfolgerungen für tatsächlich mögliche Auswege aus der für beachtliche Teile der Bevölkerung der untergegangenen DDR entstandenen unbefriedigenden Situation formulieren.

Der historische Vorteil der Ostdeutschen ist hier und heute, dass sie ja – wenn man so sagen will – *beide* Systeme erlebt haben bzw. erleben: Sie haben sowohl den untergegangenen, gescheiterten ostdeutschen Realsozialismus erlebt, und sie erleben heute das reale moderne turbokapitalistische System. Gerade daraus, aus dem Erleben dieser *beiden* Systeme, können Chancen für das Suchen nach neuen Lösungsansätzen erwachsen, die sowohl über das eine, wie auch über das andere System hinausführen. Die bisherigen Erfahrungen zeigen: Beharren allein auf der *einen* oder auch auf der *anderen* Position führt nicht zu realisierbaren neuen Lösungsansätzen.

Wer unvoreingenommen nach *inneren Ursachen* für den Ende der 1980er Jahre eingetretenen Kollaps der DDR-Gesellschaft sucht, der kommt nicht umhin, auch die Folgerungen noch eines anderen grundlegenden Widerspruchs der realsozialistischen Ordnung in der DDR genauer in die Betrachtung einzubeziehen:

Die DDR war, insbesondere und vor allem auch in Relation zu Westdeutschland, nachgewiesenermaßen ein kinderreiches und kinderfreundliches Land. Die Geburtenraten waren hoch, die Schulen gut ausgelastet. Frauen und Mütter, insbesondere kinderreiche Familien sind vom sozialistischen Staat außerordentlich gefördert und unterstützt worden. Letztlich hat der Staat für *jeden* ein beachtliches Mindestmaß an sozialer Sicherheit gewährleistet.

Sie, die DDR, war aber dennoch seit Ende der 1960er Jahre nach den statistischen Zahlen eines der wenigen Länder der modernen Welt mit einer **negativen Bevölkerungsentwicklung**.

Und das war ja eben gleichfalls die Folge der ökonomisch und politisch bedingten Massenflucht junger Menschen in den Westen. Viele Kinder und Jugendliche wurden überredet und oft auch ganz einfach gezwungen, mit ihren republikflüchtigen Eltern in den Westen zu übersiedeln. Viele Heranwachsende ließen von sich aus, geblendet von der schönen Scheinwelt

jenseits der Mauer, auf der Suche nach sicheren Zukunftsperspektiven ihre Heimat im Stich.
Es gingen Leistungsfähige, es gingen junge Menschen, die die sozialen Vergünstigungen, die Bildungsmöglichkeiten, die ihnen die sozialistische Gesellschaft eingeräumt hatte, für sich genutzt hatten. Indem sie abwanderten, haben sie die in der DDR erworbenen Kenntnisse und Fähigkeiten, ihr *Arbeitsvermögen* ihrer Heimat entzogen und dem anderen deutschen Staat zur Verfügung gestellt. Und sie standen eben im Osten auch nicht mehr als Mütter oder Väter zu gebärender Kinder zur Verfügung.
Große und kleine Unternehmen sowie die Verwaltungsbehörden in Westdeutschland haben selbstverständlich das ihnen weitgehend ohne eigene Kosten und eigene Anstrengungen in den Schoß fallende Potenzial an junger unverbrauchter Arbeitskraft konsequent für ihre Interessen und für höhere Profite eingesetzt. Und es wird heute laut und immer empörter geschimpft über die „immensen Zahlungen" von West nach Ost. ...
In Ostdeutschland zurückgeblieben sind schon damals vor allem die Älteren, die, die keine Kinder mehr geboren haben. Geblieben sind oft die schlechter Motivierten, die weniger Strebsamen. Es blieben oft weniger Qualifizierte, die sich in der harten westdeutschen Marktwirtschaft persönlich keine allzu großen Chancen ausrechnen konnten.

7. Ehemalige „Republikflüchtlinge" – selten gern gesehen

Mehr als siebzehn Jahre nach der amtlich vollzogenen deutschen Wiedervereinigung kann bekanntlich keinesfalls die Rede davon sein, dass die „innere Einheit der Deutschen" aus West und Ost hergestellt ist. Früher war im Westen immer von den „lieben Brüdern und Schwestern in der Zone" die Rede. Heute aber geht in der Mehrzahl der Städte und Gemeinden *in den alten Bundesländern* – wie man so sagt – das Leben „seinen gewohnten Gang", als hätte diese Wiedervereinigung überhaupt nicht stattgefunden. Bis heute haben bezeichnender Weise viele Millionen Deutsche noch nicht ein mal dem jeweils anderen Teil Deutschlands auch nur einen einzigen Besuch abgestattet. Das gilt vor allem für weit mehr als die Hälfte der *West*deutschen. Und viele viele Ostdeutsche reisen regelmäßig durch die ganze Welt, kennen aber wenig in den alten deutschen Bundesländern.
Andererseits klagen viele *West*deutsche wortreich, dass die Wiedervereinigung *ihnen im Westen* „große Opfer" abverlangt habe, dass die grassierende Massenarbeitslosigkeit und der Sozialabbau dem Fall der Mauer geschuldet seien. Dass Ursache für die bestehenden Probleme beim

„Reformstau" in Deutschland, bei verlorenen Wahlen usw. der Moloch Osten, die „frustrierten Ostdeutschen", „diese Linken" seien, usw..

Ostdeutsche beklagen den Verlust ihrer Arbeit, sozialer Absicherungen und der vertrauten Lebensumstände. Sie beklagen die Egoismen der Ellbogen-Gesellschaft und Ausgrenzung. Sie beklagen den Verlust des vormals in der DDR herrschenden, als ausfüllend und auch persönlich befriedigend erlebten „Pathos der Arbeit", ganz einfach den „Verlust an Teilhabe". Sie beklagen bürokratische Verwaltungsstrukturen und die Unzahl nicht überschaubarer, unverständlicher Vorschriften. Sie sind ernüchtert angesichts der zunehmenden Rücksichtslosigkeit und Kälte, Fremdenfeindlichkeit, Gewalteskalation und ausufernden Kriminalität. Auf Grund der erlittenen Enttäuschungen ziehen sich viele zurück, nehmen nicht mehr teil, verweigern sich aus Trotz. Andere flüchten sich in Jammerei, wie es ja auch – auf andere Weise – zu DDR-Zeiten üblich war.
Dabei ist zu beobachten, dass viele Ostdeutsche, die lauthals die Turbo-Kapitalgesellschaft kritisieren und auf die *seinerzeit vorhandenen Vorzüge der DDR* verweisen, aber ganz selbstverständlich gern und gründlich die nunmehr in der Westgesellschaft zum Beispiel natürlich auch für sie gegebenen Konsum- und Reisemöglichkeiten nutzen.

In den neuen Bundesländern waren und sind bis heute streckenweise Abwehr und Abschottung nicht nur gegenüber klassischen Westunternehmern und -beamten, die in die Beitrittsgebiete herübergekommen sind, zu beobachten, sondern insbesondere auch – und das ist in dem hier zur Debatte stehenden Zusammenhang besonders bedeutsam – gegenüber ehemals Republikflüchtigen.
Dagebliebene in Ostdeutschland, die sozusagen andauernd „auf der Schattenseite" standen, haben nach der Wende oft wohl nicht grundlos allergisch auf die Rückkehr einiger seinerzeit nach dem Westen Weggegangener reagiert. Wollten und wollen manche von diesen doch, trotz zwischenzeitlich beachtlicher Karrieren im Westen, nunmehr auch noch *zusätzlich* ihre damals im Osten im Stich gelassenen Besitztümer wiedererlangen oder zumindest dafür „angemessene" Entschädigungen erhalten. Das sind meist Leute, die damals, um besser leben zu können, einfach abgehauen sind und die dann im Westen sich angepasst haben, die dort „gelernt" haben, wie eine moderne Kapitalgesellschaft funktioniert. Und jetzt wollen sie auch noch das in Ostdeutschland damals eilig im Stich Gelassene wiedererlangen. Wer seinerzeit, aus welchen Motiven auch immer, abgewandert ist und heute nach Jahren oder Jahrzehnten seinen ehemaligen Besitz in Ost-

deutschland für sich zurückfordert, befördert nicht den schwierigen Prozess der Herstellung innerer Einheit in Deutschland. Im Gegenteil, er untergräbt aus egoistischen Motiven diesen Prozess vorsätzlich. Und das gilt ja auch für diejenigen Deutschen, die heute mit Verweis auf alte Grundbücher aus der Zeit vor dem Hitler-Krieg Ländereien zum Beispiel in Westpreußen wieder erlangen wollen.

Andere, die seinerzeit weggegangen sind, waren von vornherein nicht sonderlich an einer staatlichen Wiedervereinigung interessiert. Sie hatten ja mit ihrer Flucht, mit der Ausreise oder eben auch Ausbürgerung aus der DDR ihr persönliches Problem mit diesem von ihnen nicht geliebten Staat gelöst. Sie haben sozusagen ihre *„persönliche* Wiedervereinigung" vollzogen. Darüber hinaus Gehendes interessiert sie nicht weiter. Sie haben die Ratschläge ihrer wohlmeinenden neuen Bekannten beherzigt: *„Lass bloß nie jemand merken, dass Du aus der DDR kommst!"*
Sie wollten und wollen heute auch von sich aus keinesfalls zurück. Sie wollen sich ja jetzt nicht ein zweites Mal solche immensen Anpassungsleistungen zumuten, wie seinerzeit, als sie vor Jahren nach dem Westen gegangen sind. Sie fühlen sich und geben sich heute ganz bewusst voll und ganz als Westmann oder Westfrau. Und das gerade gegenüber den seinerzeit Dagebliebenen manchmal sogar ganz besonders provozierend herausgestellt.
Viele derjenigen, die aus der DDR in den Westen gekommen sind und dort inzwischen Karriere gemacht haben, sparen heute in ihren biografischen Angaben ihre „Ostherkunft" rundweg aus. Sie verschweigen, streiten ab und verleugnen diese. Auf Nachfragen antworten viele von denen, die herüber gekommen sind, einfach: *„DDR? Nie gehört!* Die Motive dafür sind meist leicht auszumachen.

Auf der anderen Seite eskalieren in Ostdeutschland mit der Ernüchterung und Enttäuschung über die Erfahrungen nach dem Beitritt zur Bundesrepublik die Gegensätze und Auseinandersetzungen zwischen Weggegangenen und Dagebliebenen. Seinerzeit Ausgereiste, Weggegangene gehen regelrecht hassgeladen gegen die vor, die damals – trotz aller Distanz zum DDR-Staat – dageblieben sind. *W. Mittenzwei* schreibt: So mancher wurde nach der Wiedervereinigung zum „Hassproduzenten". „Als man meinen konnte, nun sei alles vorbei, wurden die Gräben noch tiefer."[76]

---

[76] W. Mittenzwei, a.a.O., RN 494

W. Biermann, G. Kunert, S. Kirsch u. a., die aus der DDR ausgebürgert wurden oder im Zorn weggegangen sind, haben nach der Herstellung der Einheit die seinerzeit Dagebliebenen mit harten, kaum wiederholbaren Worten diffamiert. *Monika Maron* betätigte sich diesbezüglich, wie *Reich–Ranicki* konstatiert hat, als „Rachegöttin an der Schreibmaschine".

Und es fördert die Entspannung zwischen Weggegangenen und Dagebliebenen natürlich keinesfalls, wenn Verlage oder andere Medien heute solcherart hassgeladene Texte auch noch salonfähig und mit bundesrepublikanischer „Weihe" ausgestattet breit zugänglich machen. Muss man sich darüber wundern? Solche Praktiken als unmoralisch kritisieren? Es herrschen doch eben jetzt auch auf diesem Gebiet für alle Beteiligten offensichtlich allein die Gesetze des persönlichen Vorteils und des Profits. Es wird geschrieben, gedruckt bzw. in Talkshows publikumswirksam geredet, was sich irgendwie vermarkten lässt.

Mir ist klar: Der Streit zwischen den verschiedenen Gruppierungen Intellektueller in der DDR über „Dableiben oder weggehen" kann nicht allein mittels positiver oder negativer Wertung des einen oder anderen individuellen Verhaltens, der einen oder anderen subjektiven Position, Ansicht oder Meinungsäußerung geschlichtet werden.
Sie – dieses Verhalten und die Ansichten von Schriftstellern, Kunstschaffenden und anderen Intellektuellen, also von Angehörigen der seinerzeitigen Eliten in der DDR zu „Dableiben oder weggehen" über die Jahre und Jahrzehnte hinweg – können wohl nur durch die besonderen Wirkungen infolge der deutschen Spaltung, „des Heranwachsens hinter der Mauer" irgendwie erklärt werden.

Viele DDR-Intellektuelle waren tief beeinflusst durch das auf besondere Weise Eingebundensein in den Realsozialismus „in den Farben der DDR". Das gilt sowohl für Kulturschaffende und Geisteswissenschaftler als auch für die Mehrzahl der Angehörigen der medizinischen und technischen Intelligenz. In der DDR als erstem Arbeiter-und-Bauern-Staat auf deutschem Boden herangewachsen und gut ausgebildet haben viele mit Interesse und Begeisterung ganz bewusst und sachdienlich am Aufbau der angestrebten neuen sozialistischen Ordnung mitgewirkt. Sie hatten die Hoffnung, dass sich in diesem neuen deutschen Staat ihre Ideale in Bezug auf die Errichtung einer friedlichen und gerechteren Ordnung erfüllen würden. Und sie waren bereit, dabei mit ganzer Kraft mitzumachen.

Sie haben entscheidend Anteil am erreichten Bildungs- und Kulturniveau der Mehrheit der Bevölkerung der seinerzeitigen DDR. Sie waren mit ihren Arbeitsergebnissen zu Recht angesehen, geachtet. Sie wurden auch auf vielfältige Weise geehrt. So mancher war regelrecht staatstragend tätig, auch vom Staat anerkannt, gewürdigt. Andererseits war an dieser DDR aus intellektueller und künstlerischer Sicht Vieles kritikwürdig. Das spiegelt sich eindrucksvoll in den verschiedenen Rückblicken, Erfahrungs- und Erlebnisberichten über diese Zeit wider. Viele kluge Menschen fühlten sich, je tiefer der Graben, die Konfrontation zwischen Ost und West wurde, verunsichert, ausgegrenzt bzw. missverstanden.

Christa Wolf hat in ihren 2003 veröffentlichten persönlichen Erinnerungen eindringlich u. a. auch die Zweifel, die Ängste, die Ohnmachtsgefühle, die um sich greifende Verfremdung und auch die Trauer geschildert, die sich bei vielen Intellektuellen angesichts der im Laufe der Zeit um sich greifenden Stagnation und Erstarrung in der Politik und im Geistesleben der DDR verbreitet haben.[77]
Sie hat dabei auch deutlich gemacht, welche unterschiedlichen Konfliktsituationen sich für die/den eine/n oder andere/n ergeben haben: Auf der einen Seite für diejenigen, die aus Enttäuschung und Verärgerung über Fehlentwicklungen aus der DDR *weggegangen* sind, in die Bundesrepublik abgewandert sind. Und auf der anderen Seite für die, die eben aus Verantwortung für dieses „ihr Land" gerade *nicht* weggegangen sind. Die also – trotz vieler Bedenken – *dageblieben* sind.
1977 zum Beispiel, schreibt sie, sei ihr bewusst geworden, wie wichtig für sie „ein Heimatgefühl ist und wie schwer man es aufgeben würde." Und sie fragt sich, welchen Preis für`s Dableiben „ich täglich unbewusst zahle, einen Preis in der Münze: *wegsehen, weghören, oder zumindest: schweigen.*"[78]
Christa Wolf erklärte ihr Bei-der-Fahne-Bleiben trotz aller zunehmenden Bedenken gegen die herrschenden Apparate damit, dass es ja in der DDR eine breite Bewegung von Leuten gab, die das wollten, was auch sie dachte und wollte. Es muss aber in diesem Zusammenhang auch gesehen werden, dass dann jedoch gerade viele *jüngere* Intellektuelle nach dem Westen gegangen sind, weil sie enttäuscht waren über das Ausharren und Abwarten, über Zynismen und auch das Scheitern vieler Älterer.

---

[77] Ch. Wolf, Ein Tag im Jahr, 1960 – 2000, München 2003
[78] a.a.O., S. 224 – Hvh.: G.U.

Die, die trotz aller Zweifel *aus Verantwortung für ihr Land* und ja auch gegenüber ihren Lesern in der DDR „Dagebliebenen" haben dann aber Schritt für Schritt die Vergeblichkeit ihrer Hoffnungen auf positive Veränderungen erkennen müssen. Und auch sie standen dann – auch das muss ohne jede Illusion und mit Nachdruck gesagt werden – weitgehend ohnmächtig und machtlos dem rasant ablaufenden Beitrittsprozess gegenüber.

Zu DDR-Zeiten vom Staat – in der Regel nur widerwillig – gewährte Westreisen haben den Blick vieler Ost-Künstler, -Kulturschaffenden und -Wissenschaftler geweitet. Dieses „Hin- und Herwandern" zwischen Ost und West hat aber eben wohl auch viele Verunsicherungen überhaupt erst ausgelöst. Verunsicherungen, die in den unerbittlichen Zeiten des Kalten Krieges dann zu ernsten, oft tragisch endenden persönlichen Konflikten ausgereift sind. Die einen haben ihnen persönlich zugefügte Demütigungen von Seiten der DDR-Behörden nicht verkraftet und sind verärgert aus dem Staat, den sie vordem als „ihr Land" angesehen hatten, in dem sie ihre Ideale verwirklichen wollten, abgewandert. Andere dagegen sind aber eben ganz bewusst dageblieben, haben mehr oder weniger laut Kritik geübt, sie haben ausgeharrt, auf bessere Zeiten gehofft. Und so mancher hat auch – wie oben bereits angedeutet – dann als „Stichwortgeber" fungiert, als immer mehr frustrierte Leute auf die Straße gingen, eine „Wende", einen besseren Sozialismus forderten.

Dann, als es schließlich ganz ernst wurde mit den Forderungen der Massen auf der Straße, erst nach einer „Wende" und dann nach DM und deutscher Einheit, kamen aber leider weder von seinerzeit maßgebenden DDR-Ideologen noch von bereits zu DDR-Zeiten zwischen Ost und West hin und her pendelnden Kultur- und Geistesschaffenden realisierbare Vorschläge oder tatsächlich praktikable Konzepte zu einem **für die ostdeutsche Bevölkerung akzeptablen WIE** dieser „Wiedervereinigung".

So manches *seinerzeit* lauthals geäußerte kritische Wort *„dagegen"* hat sich leider dann*, als es darauf ankam,* als leere Hülse erwiesen. Viele, die vormals über Veränderungen gegrübelt hatten, sind durch den Ablauf der Ereignisse, durch das konsequente Agieren der Herren Kohl und Co., aber vor allem auch durch das Handeln der Massen auf den Straßen überholt, verstört, ausgegrenzt, gelähmt worden. Sie sind durch das euphorische Handeln großer Teile der Bevölkerung und durch die Art und Weise, wie dann darauf bezogen in Regie des Westens dieser Beitritt zur Bundesrepublik vollzogen worden ist, sozusagen ihrer ureigensten Rolle verlustig gegangen. Sie gehören damit in der Regel natürlich auch zu denen, die sich in Folge dieser Art und Weise der vollzogenen Wiedervereinigung Deutschlands auf der Verliererseite wiedergefunden haben.

Die meisten sahen sich durch das vehemente Agieren Hunderttausender auf den Strassen außer Stande gesetzt, konstruktive Ideen zu diesen Abläufen beizusteuern bzw. drängende Entscheidungen mit vorzubereiten, in eine bestimmte bessere Richtung lenken zu helfen. Diejenigen, die es zumindest versucht haben, wurden nur von wenigen verstanden, wurden übertönt und ausgegrenzt von den Massen der euphorisch nach Westen Orientierten in Ostdeutschland.

Die, die *geblieben* waren, ausgeharrt, auf Besserung gehofft hatten, haben ihr Leben und Wirken einer Zukunft geopfert, auf die dann aber keiner mehr Wert gelegt hat. Die dann keiner mehr haben wollte. Sie waren enttäuscht und verärgert, dass die DDR-Oberen ihnen nicht zugehört hatten, auf sie nicht hatten hören wollen. Und ihre Enttäuschung war um so größer, als ihnen klar wurde, dass die neuen Herren ihnen in der Regel genauso wenig, oder noch viel weniger zuhören wollen. Daran leiden viele von ihnen bis heute. Andere melden sich nach jahrelangem Grübeln und Nachdenken wieder zu Wort. Im Rahmen interessanter Debatten im Kreis Gleichgesinnter wird so manches Problem genauer analysiert. Diese Diskussionen und ihre Ergebnisse erreichen aber nur einen begrenzten Kreis. Sie können schwerlich wirklich befriedigenden Ersatz für die erfolgten Ausgrenzungen schaffen. Und es ist nicht zu übersehen, dass dieser Tatbestand irgendwie gleichermaßen auch auf einige derjenigen zutrifft, die seinerzeit *weggegangen* waren, weil sie mit dem DDR-Sozialismus unzufrieden waren. Sie können heute ihre Enttäuschung darüber nicht verbergen, dass mit der auf diese Weise vollzogenen Wiedervereinigung tatsächlich nur Geringfügiges ihren Vorstellungen Entsprechendes erreicht werden konnte.

8. Suche nach Alternativen

Zwischenzeitlich ist die Unzufriedenheit mit den jetzt gegebenen gesellschaftlichen Zuständen gewachsen. Mit der Zunahme negativer Alltagserlebnisse insbesondere auf dem Arbeitssektor wachsen bei vielen Ostdeutschen auch die Zweifel an der Zukunftsfähigkeit des derzeitigen ökonomischen und politischen Systems. Zum Beispiel belegen die Erhebungen im Rahmen der „Sächsischen Längsschnittstudie" eindrucksvoll den Mentalitätswandel junger Menschen seit der Wende und der deutschen Wiedervereinigung. Das betrifft sowohl die jetzt Anfang Dreißig-Jährigen, die in Ostdeutschland verblieben sind, als auch die knapp 25 Prozent der im

Rahmen der Untersuchungen Befragten, die seit 1989/1990 in Richtung Westdeutschland bzw. ins Ausland Abgewanderten.[79] Die durchgeführten Befragungen von 1987 bis 2006, also sozusagen über den Systemwechsel hinweg, spiegeln die Enttäuschung der seinerzeitigen Jugendlichen vom real-existierenden Sozialismus in den letzten Jahren der DDR wieder. Genauso findet aber auch seinen Ausdruck, dass auf Grund vieler negativer Alltagserfahrungen im zurückliegenden Jahrzehnt die Distanz gegenüber dem jetzigen Gesellschaftssystem ansteigt. An die Stelle der in der DDR erlebten sozialen Sicherheit ist für viele Menschen ein hohes Maß an sozialer Verunsicherung getreten.

Es wächst der Protest gegen die in Ostdeutschland anhaltende Sockelarbeitslosigkeit, gegen den sich rasant verschärfenden Sozialabbau und die Ausgrenzung Benachteiligter. Es wächst der Unmut über das politische Versagen der heute herrschenden Parteien und Kräftegruppierungen. Auf Grund der zunehmenden sozialen Verunsicherungen berechtigt wachsende Proteste – das ist die eine Seite des Problems. Andererseits hieße es, sich etwas vor zu machen, wenn man behaupten wollte, es lägen heute wirklich realisierbare konzeptionelle Alternativvorstellungen für machbare gesellschaftliche Veränderungen vor, die geeignet wären, in absehbaren Zeiträumen aus den verfahrenen Konstellationen sicher herauszuführen. Das ist der extremen Kompliziertheit der Situation infolge des Fiaskos des Realsozialismus geschuldet. Weshalb es ja auch unrealistisch und vermessen ist, von dem einen oder anderen, von der einen oder anderen Gruppierung oder Partei von einem Tag auf den anderen tragfähige Alternativkonzepte zu verlangen, die für längere Zeit Bestand haben und Mehrheiten fundierte Orientierung geben können.

Und das besonders Problematische an der entstandenen Situation besteht zudem darin, dass aus der Enttäuschung und Frustration über die Art und Weise des Ablaufs der Prozesse, wie sie nun einmal stattgefunden haben, in breiten Schichten der Bevölkerung Desinteresse, Lethargie, eine tiefe Skepsis und Trotz gegenüber jeglichen ideologisch daher kommenden Ansätzen von Beeinflussung ausbreiten. Zu negativen Erfahrungen in der Arbeitswelt und im sozialen Umfeld treten für viele Ostdeutsche die Betroffenheit durch erlittene persönliche Zurücksetzungen und Ausgrenzungen. Weshalb es schon verständlich ist, dass auch die Skepsis gegenüber jegli-

---

[79] zu den Ergebnissen der Studie siehe vor allem: H. Berth, P. Förster u.a., Einheitslust und Einheitsfrust, Gießen 2007

chem Gerede – von wem auch immer – über solche grundlegenden Werte wie *„Freiheit", „Demokratie"* und *„soziale Gerechtigkeit"* wächst.

In dieser Ordnung scheren hier und heute links-orientierte Proteste und Demonstrationen auf den Straßen die Machtbesitzer wenig. Linke Protestaktionen werden von den Medien weitgehend ignoriert oder kleingeredet bzw. diffamiert und verunglimpft. Mit den staatlichen Gewaltmechanismen konfrontiert „verpuffen" sie in der Regel schnell, soweit sie allein von spontanen Verärgerungen getragen sind. Die realen Machtverhältnisse im Lande und auf den Straßen sind ja auch gar zu eindeutig. Polizei und Sicherheitsorgane sind u. a. vor allem damit beschäftigt, Staatsaktivitäten und andererseits auch *neonazistische* Aufmärsche und *rechte* Propagandaveranstaltungen vor protestierenden Demokraten zu „schützen". Sie gehen dabei oftmals mit fadenscheinigen Argumenten gegen Demonstranten vor, die gegen Neofaschisten oder Sozialabbau protestieren. Angekündigte Demonstrationen werden nicht genehmigt wegen „drohenden Ausschreitungen", wegen „drohenden Gefährdungen durch extremistische Störer", oder wegen zu befürchtenden „Beeinträchtigungen des Straßenverkehrs".
Andererseits spielt es in diesem Zusammenhang gewiss wohl auch eine Rolle, dass bei so manchen „Aktionen" auf den Straßen direkt bzw. indirekt mit den Machtausübenden abgestimmte Organisationen und Gruppierungen agieren, die – wenn man hinter die Kulissen schaut – lediglich recht eigennützige Ziele verfolgen.

Enttäuschte und Verärgerte sagen: Jetzt stehen „die alten Fragen" wieder an! Das ist natürlich einerseits voll und ganz zutreffend und zeigt den Ernst der Lage. Die Ausgangs-, die Grundidee des Versuchs, auf europäischem Boden im Interesse der Mehrheit der arbeitenden Menschen erstmals Sozialismus auf Dauer praktisch zu gestalten, ist am Ende des zurückliegenden Jahrhunderts gescheitert. Die bereits erreichten sozialen Errungenschaften für die Mehrheit der Bevölkerung in einer ganzen Reihe von Ländern bzw. Staaten sind erst einmal verloren. Die Kapitalordnung herrscht heute weltweit in ihrer perfektioniertesten Form.
Aber andererseits haben sich im Zeitalter der Globalisierung die Bedingungen grundlegend verändert. Sie verändern sich im 21. Jahrhundert in bisher nicht gekanntem rasanten Tempo ständig weiter. Und eine wesentliche Komponente dieser rasanten Veränderungen stellen die anschwellenden internationalen Migrationsströme dar. Keine einzige wichtige „natio-

nale" Problematik kann heute und morgen ohne Bezug zu Internationalisierung, Migration und Integration betrachtet werden.

Nach dem Kollaps des Realsozialismus könnten deshalb „alte Antworten" nicht bzw. höchstens an der Oberfläche weiter helfen. Auf die „alten Antworten" zu verweisen – das ist zu einem Gutteil demagogisch, weil es nicht tatsächlich aus dem eingetretenen Dilemma heraus führen kann. Sie, diese „alten Antworten" a `la DDR-Sozialismus könnten ja höchstens geeignet sein, einen Beitrag zu leisten sozusagen zum Wiederauferstehen, zu einer Reproduktion „alter" *Strukturen*. Das wären Strukturen, die ja eben von der Geschichte gewogen und – ob das dem einen oder anderen passt oder gerade nicht passt – für „zu leicht befunden" worden sind. Die vom tatsächlich stattgehabten Ablauf der Geschichtsprozesse überholt worden sind.

„Das Problem ist nicht, dass Fehler begangen werden und Irrtümer vorkommen. Das lässt sich bei einem so komplizierten und komplexen Prozess wie dem Aufbau einer neuen, alternativen Gesellschaft gar nicht vermeiden. Die Probleme ergeben sich aus dem Ausmaß und den Wirkungen von Fehlern und vor allem aus der fehlenden Fähigkeit und Bereitschaft, falsche Entscheidungen und Irrtümer offen zuzugeben sowie möglichst transparent und öffentlich kontrollierbar zu korrigieren."[80]

Angesichts der radikal veränderten Realität im 21. Jahrhundert müssen alle die „alten" Fragen *neu* gestellt und *neu* beantwortet werden. Die offenen, in den tatsächlichen historischen Abläufen zu Tage getretenen Probleme können nur in einer realistischen, ehrlichen und zugleich schonungslosen Analyse auf dem Wege des *Weiterdenkens* einer materialistisch-dialektischen Gesellschaftstheorie beantwortet werden. Und da kommt natürlich niemand an *Marx* vorbei. Da kann sich niemand am Erkenntnisschatz des Marxismus „vorbeischummeln". Die neu herangereiften offenen Fragen können nur schrittweise auf dem Wege der Weiterentwicklung auch des marxistischen Gedankenguts gelöst werden.

Erforderlich ist ein *Neuansatz*, die „Ausarbeitung eines konkreten alltagstauglichen und zugleich zukunftweisenden Konzeptes":[81]

– Zunächst müssen die nun einmal vorhandenen neuen *Tatsächlichkeiten* in ihren gegebenen Dimensionen richtig erkannt und realistisch in den

---

[80] K. Steinitz, a.a.O., S. 63/64
[81] so zum Beispiel: H. Niemann, in: U. Maurer, H. Modrow, Überholt wird links, Berlin 2005, S. 45

abgelaufenen bzw. ablaufenden historischen Gesamtprozess eingeordnet werden. Es geht also erst einmal darum, tatsächlich in ihrer ganzen Tragweite die *qualitativ neue* historische Situation zu erfassen, die nach dem Untergang des Realsozialismus entstanden ist.[82]
Es reicht heute nicht aus, allein auf die Idee und die seinerzeit eingeleiteten Ansätze zur Gestaltung einer sozialistischen Gesellschaft zu verweisen. Allein aus dem Verweis, aus der Rückbesinnung auf realsozialistische Positionen, aus dem Beharren auf diesen, lassen sich keine hinlänglichen Ansätze für Lösungsmöglichkeiten für heute und morgen ableiten. Vielmehr können wohl nur aus der Analyse der historischen Schnittstellen nach dem nun einmal zu konstatierenden Untergang des Realsozialismus – so wie er versucht worden ist – Erkenntnisse über die maßgeblichen Widersprüche dieser Zeit und künftiger Entwicklungen gewonnen werden. Das erst einmal zusammengebrochene System des Realsozialismus ist ja schließlich durch ein System ersetzt worden, das vor neuen Herausforderungen steht. Dem weitere existenzielle Prüfungen erst noch bevorstehen.
Aus der durchlebten Erfahrung des Scheiterns, aus dem Wissen um die erlittene historische Niederlage müssen und können sich Blickwinkel erschließen, die schließlich tatsächlich neue und vor allem tragfähigere Lösungsansätze ermöglichen.

– Im einzelnen offen gelegt werden müssen die *neuen Widersprüche* und *neuen Interessenkonstellationen,* die in der angebrochenen neuen Etappe der weltweiten Herrschaft des Monopolkapitals unter den Bedingungen der Globalisierung zur Wirkung kommen. Das kann nur – wie immer mehr klar wird – ausgehend von der genaueren Analyse der veränderten *sozialökonomischen* Konstellationen her erfolgen.[83]
Die Globalisierung, die „Prozesse der Marktsättigung und des Strukturwandels von Wirtschaft und Gesellschaft", daraus folgend „Massenarbeitslosigkeit, Unterbeschäftigung und `Erosion des Normalarbeitsverhältnisses`" und eben damit zusammenhängend der Zusammenbruch des „gesamte(n) System(s) der sozialen Sicherung" werfen von den ökonomischen Grundzusammenhängen her existenziell neue Fragen auf.[84]

---

[82] siehe dazu z.B. in: U. Maurer, H. Modrow, a.a.O.
[83] siehe Ansätze hierfür z.B. bei: H. Nick, Über den Wert des öffentlichen Eigentums; G. Friedrich, Wie reformfähig ist der „moderne" Kapitalismus? in: U. Maurer, H. Modrow, Links oder lahm? Berlin 2006, S. 134ff., S. 160ff.; K. Steinitz, Das Scheitern des Realsozialismus, a.a.O., S. 64ff., 94ff.
[84] siehe: G. Friedrich in: U. Maurer, H. Modrow, a.a.O., S. 162/163

– Ausgangspunkt für jegliche alternative Konzepte muss die Ermittlung und Formulierung der unter den veränderten Konstellationen die Masse der Bevölkerung *tatsächlich bewegenden grundlegenden Lebensprobleme* sein. Nur davon ausgehend kann exakter bestimmt werden, *von wem*, von *welchen sozialen Kräften* unter den neuen historischen Umständen alternative Konzepte getragen werden können. Wie sich heute und morgen tatsächlich „das `historische Subjekt` einer gesellschaftlichen Alternative" darstellen könnte.[85]
Wer alles real zu einer *„Gegenmacht"* gehören kann, „die in der Lage ist, gesellschaftliche Verhältnisse zu verändern", und wie eine solche *„Gegenmacht"* Schritt für Schritt aufgebaut werden könnte.[86] Und zu solch einer „Gegenmacht" müssen neben den vorwiegend durch die aktuellen Entwicklungen sozial Benachteiligten und Ausgegrenzten vor allem auch tatsächlich sozial handlungsfähige Akteure gehören.

– Wie in der entstandenen historischen Situation bei der gegenwärtigen Kräftekonstellation überhaupt irgendwie verbindlich politisch *handlungsfähige Mehrheiten* für die Umsetzung inhaltlich noch genauer zu bestimmender gesellschaftlicher Alternativvorstellungen gewonnen werden können? Wie heute und morgen zu den gegebenen Machtkonstellationen oppositionelle Kräfte in Übereinstimmung mit den objektiv bedingten Interessen des Volkes reale Gestaltungsmacht erlangen können? Wie und mit welchen Kräften in absehbaren Zeiträumen wirklich eine für die Mehrheit der Bevölkerung positive Einflussnahme auf die Ausübung ökonomischer, politischer und ideologischer Macht erreicht werden kann?
Und vor allem: Auf wen nationale Protestkräfte sich heutzutage international tatsächlich stützen können. Schlüsselfunktion für die Gewinnung und Organisierung eines breiten Bundes alternativer national und international tatsächlich handlungsfähiger Akteure hat dabei gegenwärtig der Kampf gegen die erneut immer mehr ausufernde imperialistische Gewalt- und Kriegspolitik.

Angesichts dieser existenziellen perspektivischen Fragestellungen, mit denen die aktuellen internationalen Wanderungsbewegungen substanziell und ganz unmittelbar im Zusammenhang stehen, treten die verheerenden Auswirkungen des Scheiterns des Realsozialismus in Europa erst in ihrer ganzen historischen Tragweite hervor. Angesichts dieser gegebenen Rela-

---

[85] H. Niemann in: U. Maurer, H. Modrow, Überholt wird links, a.a.O., S. 43
[86] H. Nick in: U. Maurer, H. Modrow, Links oder lahm?, a.a.O., S. 171, Hvh.: G.U.

tionen wird das ganze Ausmaß der erlittenen historischen Niederlage sowie eben auch das ganze Ausmaß des Versagens der seinerzeit verantwortlichen politischen Akteure und deren geistiger Eliten deutlich.
Zu Tage tritt das ganze Ausmaß des Versagens der seinerzeit politisch Verantwortlichen, das ja eben heute auch leider überhaupt nicht mit – subjektiv berechtigten und gewiss gut und richtig gemeinten – nostalgischen Reminiszenzen an die damaligen Errungenschaften und Vorzüge der realsozialistischen Gesellschaft für die Mehrheit der Bevölkerung verdeckt oder vergessen gemacht werden kann. Diese seinerzeitigen Errungenschaften des Realsozialismus für die arbeitende Bevölkerung in der DDR und in vielen anderen Ländern Osteuropas sind ja eben erst einmal *historisch verspielt.* Sie sind für absehbare historische Zeiträume verloren. Die erste wichtige Lehre aus dem Scheitern des Realsozialismus lautet nun mal: Die Sozialisten wissen nunmehr, *was nicht geht,* Und: *Wie* es nicht gehen kann!
Das Scheitern des Realsozialismus kann nicht durch die angesichts zunehmender negativer Alltagserfahrungen *heute* vielerorts wieder auflebenden beschönigenden „*positiven DDR-Erinnerungen*" rückgängig gemacht werden. Dagegen kann jetzt auch nicht – so gut das im einzelnen Fall gewiss gemeint ist – mit dem immer wiederholenden lauten Verkünden populärer Losungen oder dem verbalen Durchdeklinieren aktuell wichtiger politisch-rechtlicher Wertbegriffe erfolgreich angegangen werden.

Eine unerlässliche Voraussetzung für das Erarbeiten realitätsbezogener Konzepte für antikapitalistische Alternativen ist die nüchterne Analyse der realsozialistischen Erfahrungen, einschließlich der Defizite und Fehler, also auch der Fehlentwicklungen, für die die politischen Hauptakteure bei der Realisierung des historisch erstmaligen Sozialismus-Versuchs die Verantwortung tragen. Objektiv historisch bedingte „System- und Strukturschwächen des Realsozialismus" *(K. Steinitz)* konnten letztlich katastrophal zur Wirkung kommen, weil sich die politischen Führungseliten letztlich als weitgehend unfähig erwiesen haben, im Aufbau- und Entwicklungsprozess eingetretene Fehler und Irrtümer einzugestehen, kritisch zu bewerten und auszuräumen.
Dabei hieße es aber, es sich zu leicht zu machen, wenn man die historische Verantwortung für das für die abzusehenden Zeiträume erst einmal endgültige Scheitern des Realsozialismus allein dem *einen* oder auch *zwei/drei* Akteur/en auf der Weltbühne in den letzten Monaten der Existenz des Realsozialismus zuschieben will. Genauso hilft es letztlich auch gar nicht weiter, den Untergang der DDR *allein* auf das „Versagen", auf die

„Kapitulation" oder auf die „Niedertracht" oder den „Verrat" *Gorbatschows* zurückführen zu wollen.

Unbestreitbar haben in zugespitzten historischen Situationen einzelne in Machtpositionen agierende Akteure große Befugnisse und tragen zugleich ein gehöriges Maß an persönlicher Verantwortung. Ihr Handlungsrahmen, ihre „Spielräume" sind aber – wie *K. Marx* und *F. Engels* eindrucksvoll an hand Geschichte gewordener Beispiele bewiesen haben – durch die jeweils historisch herangereiften Gesamtbedingungen bestimmt. Sie sind letztlich objektiv determiniert durch den von der Mehrheit der Arbeitenden und gesellschaftlich nützlich Tätigen getragenen jeweils erreichten Entwicklungsstand der gesellschaftlichen Produktivkräfte.

1989/1990 ist historisch Fakt geworden: Der mit der Oktoberrevolution in Russland gestartete Sozialismus-Versuch ist historisch gescheitert. Die damals mit großen Kraftanstrengungen unter Führung der Bolschewiki eingeleitete gesellschaftliche Umwälzung stellte den ersten Einbruch in das weltweite System der Kapitalwirtschaft dar. Das sowjetische Modell, die sowjetische Variante der realsozialistischen Umwälzung in der ersten Hälfte des 20. Jahrhunderts hat als erste weltweit bedeutsame *frühsozialistische Revolution* ihren unverrückbaren Platz in der Geschichte gefunden. Die Errichtung, die jahrzehntelange Behauptung des Real-Sozialismus in der Sowjetunion und dann nach dem Ende des Zweiten Weltkrieges in großen Teilen Osteuropas – das ist eine entscheidende Zäsur in der modernen Geschichte der Menschheit. Genauso ist Fakt, dass der Realsozialismus 1989/1990 nach den Jahrzehnten seiner umkämpften Existenz seit 1917 letztlich (erst einmal) dem gewaltigen Druck der Kapitalordnung des Westens unterlegen ist.

Die Niederlage, die der immerhin über siebzig Jahrzehnte existierende erste historisch bedeutsame Sozialismus-Versuch erlitten hat, ist letzten Endes dem nicht ausreichenden Niveau der Produktivkraft-Entwicklung unter den Bedingungen staatlich zentralistisch organisierten „Volkseigentums" geschuldet. Und daraus folgend: „Grundlegende strukturelle Schwächen und Fehlentwicklungen des Staatssozialismus ergaben sich daraus, dass die reale Vergesellschaftung des Eigentums an den Produktionsmitteln unbefriedigend blieb."[87]

Die Unzufriedenheit und die Proteste großer Teile der Bevölkerung auch auf den Straßen Ostdeutschlands haben dann keine Spielräume für irgendwie erfolgversprechende Verhandlungen über einen möglichst

---

[87] K. Steinitz, a.a.O., S. 60

geordneten Rückzug des erstmals in der Welt existierenden Sozialismussystems oder auch nur für einen schrittweisen Vollzug der deutschen Wiedervereinigung belassen.

Wichtig ist in diesem Zusammenhang vor allem: Die Abläufe der deutschen Geschichte lehren unerbittlich, dass sowohl massenhafte Verärgerung als auch spontane *Massenproteste auf den Straßen allein* nicht aus verfahrenen – genauer gesagt: für die Massen der Bevölkerung und ganze Völker negativen – historischen Situationen herausführen. Sie – solche spontanen Massenproteste – können nur bedingt weiter helfen, solange keine hinreichenden Konzepte vorliegen, die inhaltliche Eckpunkte für positive Veränderungen und real gangbare Wege dorthin abstecken. Sie lehren vielmehr, dass gerade aus solchen Konstellationen heraus erhebliche Gefahren für die Bewahrung und den Fortschritt des Friedens in der Welt, für antikapitalistische Entwicklungen und weiteres erfolgreiches historisches Voranschreiten der Völker erwachsen können.

Die besondere Dramatik der deutschen Situation tritt in dem Auf und Ab des in zwei Jahrzehnten abgelaufenen und sich weiter vollziehenden Mentalitätswandels erheblicher Teile der Bevölkerung Ostdeutschlands hervor:
– In den letzten Jahren der Existenz der DDR: Enttäuschung, Frust und dann massenhafte Proteste gegen das Versagen und Scheitern des Realsozialismus.
– Nach dem Ende der DDR, nach der Wiedervereinigung Anfang der 1990er Jahre: Euphorie und hoffnungsvolle Zuversicht auf Angleichung der Lebensverhältnisse Ost und West.
– Ab Ende der 1990er Jahre und seitdem, trotz weitgehender Angleichung des Konsumverhaltens mit den alten Bundesländern: Ernüchterung und Enttäuschung über Arbeitslosigkeit und Sozialabbau, Rückgang der Zustimmung zu den erst herbei gewünschten und nunmehr herrschenden politischen und ökonomischen Bedingungen.

Zutiefst berechtigt wachsen heute Unmut und Proteste gegen den immer rigoroseren Sozialabbau und drohende Altersarmut für erhebliche Teile der Bevölkerung. Unter den gegenwärtig gegebenen Umständen würde es aber schwerlich weiterhelfen, wenn man dagegen etwa mit Revoluzzer-Gerede zu Gewaltaktionen aufrufen wollte. Wenn man darauf setzen wollte, dass heutzutage sozusagen „von unten her", von der extremen emotionalen Verärgerung her abrupt antikapitalistische und sogar sozialistische Umbrüche bewerkstelligt werden könnten. Die Erfahrungen zeigen, dass solcherart Aktionen in der Regel eben regelrecht – wie man so sagt – „nach hinten losgehen" können. Verantwortungsbewusste Akteure sprechen diesbezüglich deutliche Warnungen aus. Nur zum Beispiel sei hier *Klaus Lederer* zitiert: „Wer glaubt, er könne diese Gesellschaft einfach durch `Umsturz` durch eine bessere ersetzen, sorgt dafür, daß sich noch viel brutalere Ausbeutungsverhältnisse durchsetzen."[88]

Wer nun aber auf der anderen Seite mit Berufung auf „marxistische Positionen" solcherart Überlegungen, wie die hier beispielhaft zitierte, als „opportunistisch" zurückweisen will oder diesbezüglich beim Nachdenken am Schreibtisch für die absehbare Zukunft auch nur irgendwelchen Illusionen anhängen sollte, sei eindringlich an die erlebten historischen Abläufe erinnert. Er ist zu erinnern an den Ausgang der Massenproteste auf den Straßen gegen das Aufkommen des Faschismus Anfang der dreißiger Jahre des vorigen Jahrhunderts in Deutschland: Die engagierten Proteste Zehntausender mit geballter Faust unter *„Rot Front!"-Losungen* gegen das Aufkommen des Nazi-Faschismus sind bekanntlich nach den von den Nazis provozierten Straßenschlachten binnen weniger Monate im *„Sieg Heil!"-Getöse* und regelrechter Massenverzückung von Millionen, die zu Mitläufern der Nazis wurden, untergegangen. Der Ausgang ist bekannt.

Und er ist zugleich eben mit Nachdruck zu erinnern an die gerade erlebten Abläufe der jüngsten Geschichte. Also an die Abläufe, wie sie sich jüngst vor unser aller Augen zugetragen haben sowie an die eingetretenen Folgen. An die Stelle der Zehntausenden, die in Ostdeutschland mit ihren Rufen *„Wir sind das Volk!"* für einen besseren, menschlicheren Sozialismus demonstriert hatten, traten binnen weniger Wochen die nicht aufzuhaltenden Hunderttausenden, die – alles andere übertönend und hinwegfegend skandierten: *„Wir sind e i n Volk!"* – mit den allseits bekannten Konsequenzen.
Wenn man die entstandenen historischen Tatsächlichkeiten erfassen will, muss man also erinnern an die Abläufe, die zur „Wende", sprich *Rückwende* oder, ganz nüchtern gesagt: zur vollzogenen *Konterrevolution* und dann auch zum konzeptionslosen Vollzug des Beitritts der DDR zur Bundesrepublik geführt haben. Niemand möge diesbezüglich vorschnell abwehren: *„Das sind doch ganz verschiedene historische Abläufe!"* Oder: *„Das waren doch damals ganz andere Umstände!"*

---

[88] K. Lederer, Junge Welt, Wochenendbeilage vom 4. November 2006

Es ist ersichtlich: Populistische Protestrhetorik beeinflusst erheblich die öffentliche Meinungsbildung sowie das Auf und Ab der Mentalitätsentwicklung großer Kreise der Bevölkerung. Auf das hier und heute bezogen muss dabei zugleich gesehen werden, dass spontane Protestaktionen, die bei Lichte besehen noch keine realistisch gangbaren Alternativen für durchgreifende antikapitalistische Veränderungen ausweisen, oft genug regelrecht darauf hinauslaufen, der Gegenseite zu helfen. Sie bergen die Gefahr in sich – was gerade und zu aller erst vermieden werden muss – frisches Wasser auf die Mühlen der aktionsbereit parat stehenden *Rechts*radikalen zu leiten. Auf die finanziell millionenstark abgesicherten Mühlen derjenigen, die ja ihrerseits nur auf weitere Gelegenheiten warten, massenhaft aufgestautes Verärgerungspotenzial anzufachen zu nicht kontrollierbaren gewaltsamen Aktionen. Umzulenken zu gewaltsamen Entladungen, die angesichts der in den Händen der Machtausübenden überall vorhandenen verschiedenartigsten technischen Möglichkeiten zur Gegenreaktion faktisch unkalkulierbare Risiken bergen.

Risiken wiederum zu aller erst für die „kleinen Leute", die in ihrem Fühlen und Verhalten naturgemäß großen Mentalitätsschwankungen unterliegen. Risiken für die Mehrheit der Bevölkerung im jeweiligen Land und in vielen Ländern der Welt, die sich unter den Bedingungen weltweiter Kapitalherrschaft vor allem an den Reden einzelner im Scheinwerferlicht auf der politischen Bühne so oder so Agierenden orientieren. Die dabei auf allen Ebenen des gegebenen politische Spektrums zuweilen auch Akteuren regelrecht ausgeliefert sind, für die die Alltagssorgen und zugleich die Erwartungen der Mehrheit der kleinen Leute (nur) willkommene rhetorische Aufhänger sind, um diese *als Wähler* zu gewinnen.
Darunter überall zwangsläufig ja eben auch Akteuren, die es schlicht und einfach als ihren Beruf ansehen, in dieser nach Kapitalgesetzen organisierten Ordnung „Politik zu machen". Die sozusagen mit effektvoller Rhetorik Beifall erheischen und letztlich von Politik-Ausübung in diesem System leben. Die sich damit zwangsläufig in ihrem Denken und Verhalten diesem System anpassen, ja auch auf ihre Weise anpassen *müssen*. Weil sie ja eben von dieser Ein- und Anpassung letztlich auch persönlich abhängig sind. Die damit also – ob der einzelne das will oder auch eigentlich gerade nicht will – eben in das Funktionieren dieser gegebenen Ordnung eingebunden sind. Womit aber die Grenzen im Spielrahmen eben dieses Systems abgesteckt sind.
In diesem System und letztlich *für* dieses System erfüllen ja seit eh und je auch Organisationen und deren Vorleute eine wichtige Funktion, die in der

gegebenen Kapital-Ordnung sozusagen als „zugelassene" und auch irgendwie geduldete Opposition mögliche Protestpotenziale binden.

Die andere Seite des selben Problems: Mit den gegebenen Verhältnissen unzufriedene Teile der Bevölkerung finden sich dann oftmals regelrecht den jeweiligen Akteuren auf der Straße und deren vehement auftretenden Wortführern ausgeliefert. Und das sind nicht selten Akteure, die – wie sie meinen – in dem gegebenen System nichts mehr zu verlieren haben. Und sich deshalb immer mehr damit eben auch dazu bereit finden, auf militante Drohgebärden der Mächtigen ggf. selbst auch mit dem Einsatz von Gewaltmitteln zu reagieren. Was wiederum willkommener Anlass für die Machtorgane ist, darauf umso schärfer zu reagieren.

Verantwortungsbewusste Persönlichkeiten haben eindringlich auf die Gefahren hingewiesen, die sich daraus ergeben können, wenn heutzutage „die *Neofaschisten* die einzigen sind, die das herrschende System in Frage stellen".[89]

Unter diesen gegebenen Konstellationen ist es dann andererseits aber eben auch besorgniserregend, wenn heute einzelne Autoren, die *„links"* eingeordnet werden wollen, tatsächlich behaupten, es bestünde „keine Gefahr von rechts". Wenn behauptet wird: „Die Gefahr ist gering, denn der Faschismus ist klinisch tot. ..."[90] Es kann nur Kopfschütteln hervorrufen, wenn heute im Rahmen von schwarz auf weiß gedruckten, allgemein zugänglichen „Überlegungen" über „linke Alternativen" die aktuell auf deutschem Boden von rechten, neonazistischen Kräften ausgehenden Gefahren *„übersehen"*, unterschätzt oder *heruntergespielt* werden.

Da ist dann letztlich doch nur eines klar: Im Windschatten solcher als *„links"* deklarierten „Einschätzungen" können alle anderen, die sich gerade nicht „links" einordnen, bestens agieren. In einem solchen Windschatten können rechte Akteure am günstigsten ihre Anhängerschar vergrößern.

Schlaglichtartig werden aus solcherart Ansichten drohende Gefahren deutlich, wenn „linke" *und* „rechte" Wortführer von auf den Straßen agierenden Globalisierungsgegnern mit *gleichlautenden* Schlagworten und Losungen zu Protesten aufrufen.

---

[89] so zum Beispiel F. Wolff, in: U. Maurer, H. Modrow, Überholt wird links, a.a.O., S. 28., Hvh.: G. U.. Siehe hierzu aber auch die auf Rosa Luxemburg bezogene aktuelle Debatte zu „Sozialismus oder Barbarei". Zum Beispiel in: U. Maurer, H. Modrow, Links oder lahm, a.a.O., z.B. S.172ff.

[90] so J. Elsässer in: U. Maurer, H. Modrow, a.a.O., S. 113, 115

9. 1990 bis heute: Die Abwanderung geht weiter – in neuen Dimensionen

Für die „Republikflucht", für die Abwanderung in den Westen gab es für viele Ostdeutsche bis zum Untergang der DDR vielfältige wirtschaftliche und soziale, aber auch familiär-persönliche sowie politische Gründe und Motive. 1989/90 hat dann die sprunghaft ansteigende Ausreisewelle den Exodus des Realsozialismus – was den Osten betrifft – konzeptionslosen Beitritt der DDR zur Bundesrepublik ausgelöst. Diese rasant steigenden Ausreisezahlen aus der DDR mussten ja auch als „Begründung" für den dann so abrupten Vollzug der Wiedervereinigung binnen weniger Wochen herhalten.

Nach der „Wende", nach dem Fall der Mauer, nach dem im Eiltempo vollzogenen Beitritt der DDR zur Bundesrepublik und den daraus folgenden Umbruchsprozessen war die Abwanderung von Ost nach West aber bekanntlich keinesfalls beendet. Die Entvölkerung Ostdeutschlands ging und geht bis heute weiter. „Nach dem Fall der Mauer kam es zu einer *völlig unkontrollierten Massenabwanderung.*"[91] Diese Abwanderung, anders herum gesehen: die weitere Zuwanderung aus Ostdeutschland in die alten Bundesländer – das war für diejenigen, die am Zuwachs von Arbeitspotential profitieren konnten, eine höchst willkommene Seite der nunmehr ablaufenden „Wiedervereinigungsprozesse".

Von 1989 bis 1999 ist die Bevölkerungszahl Ostdeutschlands von 16,43 Millionen auf 15,26 Millionen zurückgegangen. Zum einen wegen des auf Grund der allgemeinen Verunsicherung abrupten Geburtenrückgangs. Zum anderen aber vor allem wegen der sich fortsetzenden Abwanderungsprozesse nach dem Westen.[92]

S. Kröhnert geht davon aus, dass die DDR „im letzten Jahr ihres Bestehens etwa 16,7 Millionen Einwohner" hatte. „Seit dem Fall der Mauer verließen 1,5 Millionen Menschen die neuen Bundesländer in Richtung Westen".[93]
R. Ide schreibt: „1,4 Millionen Menschen hat der Osten seit der Wende an den Westen verloren – gerade die jungen Menschen `machen rüber`. Die

---

[91] R. Münz u.a., a.a.O., S. 37 – Hvh.: G.U
[92] S. Wenzel, Was kostet die Wiedervereinigung? a.a.O., S. 203
[93] S. Kröhnert, Die demografische Lage Ostdeutschlands, in: H-L. Dienel u.a., Menschen für Ostdeutschland, „Bevölkerungsmagneten für Ostdeutschland", Leipzig 2006

Flexiblen, die gut Gebildeten, die Frauen – sie gründen dort Familien und Firmen. Es gehen genau jene Leute, die eine Gesellschaft braucht, um Hoffnung zu schöpfen und etwas aufzubauen. Sie hinterlassen vergreisende Dörfer, in denen erst die Betriebe dicht machen, dann die Kneipen. Jetzt sind die Schulen dran. ..."[94]

Diese neue deutsch-deutsche Migration hat wiederum weit überwiegend konkrete ökonomische Ursachen. Die Abwanderung Hunderttausender ist Folge des ökonomischen Niedergangs Ostdeutschlands im Ergebnis der aus ostdeutscher Sicht verfehlten politischen und ökonomischen Entscheidungen im Zuge der deutschen Wiedervereinigung.

Jahr für Jahr gehen wiederum viele Zehntausend in den Westen. 1991 waren 229.200 Zuzüge aus den neuen Ländern in die alten Länder zu registrieren. In den folgenden Jahren gingen die Abwanderungs- bzw. Zuzugszahlen von Ost nach West bis 1996 auf 125.500 zurück, um dann bis 2001 erneut auf 192.000 anzusteigen. Bis 2005 hat sich die Ost-Westwanderung dann aber wiederum abgeschwächt: Nach den Mitteilungen des Statistischen Bundesamtes zum Jahrestag der deutschen Wiedervereinigung 2006 „zogen im Jahr 2005 aus den neuen Bundesländern 137.200 Personen in die alten Länder (2004 146.400)... Zwischen 1991 und 2005 gab es insgesamt 2,32 Millionen Fortzüge aus den neuen in die alten Bundesländer" – wobei in der Statistik Berlin-West und Berlin-Ost unberücksichtigt bleiben.[95]

Die Ost-Westwanderung in diesen Ausmaßen wird durch die sich parallel vollziehende *West-Ost*-Wanderung nur partiell ausgeglichen. 2,32 Millionen Fortzügen aus den neuen in die alten Bundesländer stehen 1,37 Millionen in die umgekehrte Richtung gegenüber – wobei bei diesen Zahlen die Ab- und Zuwanderung in den Jahren 1989 und 1990 sowie wiederum auch Ost- und West-Berlin nicht berücksichtigt sind.

R. Münz u.a. gehen von folgenden Zahlen aus: „Insgesamt verlor Ostdeutschland *zwischen 1949 und 1997* durch Abwanderung rund ein Viertel seiner Bevölkerung. ... In diesem Zeitraum wanderten 6,6 Mio. Deutsche von Ost- nach Westdeutschland, aber nur 1,4 Mio. von West- nach Ost-

---

[94] Tagesspiegel vom 21. 1. 2007, S. 25; siehe auch: ders., Tagesspiegel vom 30. 9 2007, S. 8
[95] Pressemitteilung des Statistischen Bundesamtes vom 29. 9. 2006, S. 1

deutschland."⁹⁶ 1989: 390.000, 1990: rund 395.000, 1991: mehr als 250.000.

Während es bis 1995/1996 in den neuen Ländern, trotz flächendeckender Stilllegungen, wenn auch differenziert, wirtschaftlich bergauf ging und die Zahlen der Weggehenden 1992 bis 1995/96 rückläufig waren, vollzog sich Mitte der neunziger Jahre sichtbar ein Bruch. Seitdem steigt die Zahl der Abwanderer nach Westdeutschland kontinuierlich wieder an. Z. B. waren es 1997 bereits wieder 168.000, 1999: 195.000, 2002: 177.000.
„Seit der Wiedervereinigung hat es in jedem Jahr Abwanderungsverluste von den neuen Bundesländern in die alten Länder gegeben. Von einem Höchststand im Jahr 1991 mit 165.400 Personen ging der Wanderungssaldo zwischen den alten und den neuen Bundesländern zunächst zurück und erreichte 1996 mit 24.900 Personen einen Tiefstand. Danach erhöhte sich der Saldo wieder bis auf 97.600 Personen im Jahr 2001 und ist seitdem rückläufig."⁹⁷
Die Hauptzielländer im Jahr 2005 zum Beispiel waren Bayern mit 22 Prozent der Zuzüge aus Ostdeutschland, Niedersachsen mit 17 Prozent, Nordrhein-Westfalen mit 16 Prozent und Baden-Württemberg mit 16 Prozent.

Ganz einfach: „Man geht dorthin, wo es Arbeit gibt!"

Der flächendeckende Abbau der Industrieproduktion im Gebiet der ehemaligen DDR in Regie der „Treuhandanstalt" ab 1990 sowie die daraus folgende anhaltend hohe Arbeits- und Perspektivlosigkeit sind Ursache für den nach und nach viele ostdeutsche Städte und Dörfer entvölkernden Weggang nach Bayern, Hessen und Baden-Württemberg. Viele gehen, weil sie nicht noch einmal zu den Verlierern gehören wollen. Es gehen wiederum vor allem junge, gut ausgebildete, strebsame Menschen. Es gehen die Mobilsten und die Klügsten, weil sie in Ostdeutschland in diesen Jahren nach dem Beitritt der neuen Bundesländer zur Bundesrepublik einfach keine annehmbare bezahlte Beschäftigung finden konnten. Sie folgen den Arbeitsangeboten aus den alten Bundesländern. Und werden dabei von den zuständigen Behörden bereitwillig unterstützt.

Dramatische Konsequenzen für die weitere demografische Entwicklung Ostdeutschlands folgen daraus, dass sich unter den seit der Wende

---

[96] R. Münz u.a., a.a.O., S. 37/38
[97] Pressemitteilung, a.a.O.

Abgewanderten deutlich mehr *junge Frauen* als Männer befinden. Seit 1991 waren 63 Prozent aller Fortzügler weiblich. Den neuen Bundesländern fehlen durchschnittlich zehn Prozent der jungen Frauen. Für Mädchen und Frauen war und ist es im Westen leichter als für männliche Personen, einen guten oder befriedigenden Job zu finden. Insbesondere auch deshalb, weil sie – die Mädchen und jungen Frauen – im Durchschnitt bessere Schul- und Ausbildungsergebnisse vorweisen können. Wegen der Abwanderung der Mädchen und jungen Frauen findet vielerorts rein rechnerisch jeder fünfte junge Mann keine Partnerin. Und wer dann noch in der Schule versagt und keinen Job findet, der hat erst recht auch keine Chance auf dem Heiratsmarkt. Der hätte aber auch kaum eine reale Chance, wenn er woanders hingehen würde. Demografisch ergibt sich für viele Landstriche von Vorpommern bis Ostsachsen die hoffnungslose Konstellation: Keine Arbeit, kein Auskommen, keine Frau, keine Familie, keine Kinder – keine Zukunft. Und das ist keinesfalls eine „zufällige" oder etwa „nicht vorhersehbare" Randerscheinung in Folge des Beitritts zur Bundesrepublik.

Aus den alten Bundesländern läuft seit Jahren wiederum eine auch zielstrebig über die Medien vermittelte große Kampagne zur Abwerbung von Fachleuten und Auszubildenden aus Sachsen-Anhalt, Sachsen, Thüringen, Brandenburg und Mecklenburg-Vorpommern. *Mobilitätshilfen, Wegzugprämien* und *Umzugsunterstützungen* „erleichtern" Arbeitslosen und Schulabgängern den Wegzug in den Westen. Diesbezüglich gibt es ja letztlich keinen Unterschied zu *Kopflohn* und *Handgeld* als Republikflucht-Prämien in den 1950er und -60er Jahren. Und es ist eben auch heute immer noch lukrativer für die Unternehmen, qualifizierte Ostdeutsche zu beschäftigen, als Zuwanderer aus dem Ausland, aus Indien oder Südostasien, die ja erst einmal aufwendig angelernt und integriert werden müssen.

Damals gingen wie gesagt aus vielen Orten der DDR 10 bis 20 Prozent der Absolventen der 12. Klassen der Erweiterten Oberschulen nach Westberlin oder Westdeutschland, machten dort das 13. Schuljahr und West-Abitur. Die meisten blieben dort, bauten sich dort eine berufliche Perspektive auf. *Heute* wissen ca. zwei Drittel der Gymnasiasten in Ostdeutschland nicht, was nach dem Abitur aus ihnen werden soll. Viele sagen: *„Nur weg von hier!"* So verlassen – wiederum nur als Beispiel – vier Fünftel der Abiturienten aus der Kleinstadt *Pasewalk* in Mecklenburg-Vorpommern jedes Jahr nach der Zeugnisausgabe ihre Stadt. Die meisten gehen nach Westdeutschland.

Oder: *Wittenberger* Jugendliche haben auf ihnen diesbezüglich gestellten Fragen geantwortet:
– Wie viel Prozent der Jugend bleiben in Wittenberg? – *"Vielleicht zwanzig. Die aufs Gymnasium gehen, die wissen, hier kriegen sie nichts – weg. Die anderen leben so in den Tag. Früh in die Kaufhalle, Bierchen trinken ..."*
– Gibt`s hier mehr linke oder mehr rechte Jugendliche? – *"Fünfzig Prozent links, würd ich sagen, dreißig rechts, zwanzig ganz normal."*
– Macht der Sozialabbau Linke oder Rechte stärker? – *"Beide."*
– Wollen Sie fort? – *"Das Arbeitsamt sagt, man muss dorthin, wo der Markt ist. ..."*

Einer, der es, gerade auf diese Stadt bezogen, beurteilen kann, *Friedrich Schorlemmer,* sagt zur Perspektive von *Wittenberg*: „Eine Stadt, in der grauhaarige Menschen von Rente leben. Wir sind Verkaufsfiliale und Verjüngungsborn für westliche Bundesländer. Es gibt bei den Jungen einen Nachzugseffekt wie 1989: Schnell raus, sonst ist drüben das Boot auch voll."[98]

Aus ehemals industriellen Ballungszentren wie *Chemnitz, Frankfurt/Oder, Halle-Merseburg* u.a. sind in den letzten zehn Jahren ca. 20 Prozent der Bevölkerung nach Westen abgewandert. Das zu DDR-Zeiten errichtete *Eisenhüttenstadt*, seinerzeit „die erste sozialistische Stadt der DDR", hatte 1989 ca. 50.000 Einwohner, 2005 waren es noch ca. 30.000. Heute: eine „tote Stadt", wie Einheimische sagen, weil kaum einer mehr eine richtige Arbeit hat. Keine Arbeit, kein Einkommen, keine Kaufkraft, menschenleere Promenaden, keine Perspektive – ein Teufelskreis. In solchen Gegenden wird die Zahl der Verlierer der Einheit mit den Jahren immer größer als die Zahl der Gewinner.

In den alltäglichen Pressemeldungen ist nachzulesen: Aus dem bereits erwähnten *Wittenberg* (ein Landkreis mit vormals 135.000 Einwohnern) sind seit 1990 mehr als 20.000 Menschen abgewandert. Aus *Rostock* gingen seit der Wende 24.000, aus *Schwerin* 12.000. Von den fast 7.000, die allein im Jahr 2000 *Cottbus* verlassen haben, ging mehr als die Hälfte in den Westen. Aus dem kleinen Städtchen *Neuhardenberg* gingen seit 1990 1.476 weg, das sind ein Drittel der früheren Einwohner, usw.,usf..
Aus dem *(bereits angeführten)* 2003 veröffentlichten Buch von *S. Wenzel*:

---

[98] DIE ZEIT, Nr. 50/2006, S. 74

„– am Chemiestandort der DDR Halle – Merseburg – Bitterfeld, wo ehemals 117.000 Menschen Arbeit fanden, blieben 11.000 Jobs übrig;
– die Industriestadt Wolfen hat seit 1989 die Hälfte ihrer Einwohner verloren;
– die Einwohnerzahl Leipzigs schrumpfte in zehn Jahren um 17 Prozent, die von Weißenfels um 15 Prozent;
– Magdeburg, die Landeshauptstadt von Sachsen-Anhalt, hat seit 1989 rund 50.000 Einwohner verloren, das sind 17 Prozent;
– in der Landeshauptstadt Thüringens, Erfurt, hat sich die Einwohnerzahl um 30.000 auf 200.000 verringert, bis 2020 wird ein weiterer Schwund von 30.000 erwartet, das bedeutet in diesem Zeitraum eine Reduzierung auf 74 Prozent;
– in Sangerhausen, einer Kleinstadt im Harz, haben vor dem Anschluß 33.000 Personen gelebt und gearbeitet, 2002 zählte das Meldeamt noch 24.200 Einwohner, ergibt einen Rückgang von 27 Prozent;
– Wittenberge, eine ehemals pulsierende, von mehreren großen Industriebetrieben geprägte Stadt mittlerer Größe an der Elbe, ist laut Bundesamt für Bauwesen und Raumordnung von 29.780 Einwohnern Ende 1989 auf 21.400 Personen geschrumpft. Das bedeutet eine Reduzierung der Einwohnerzahl um 21,3 Prozent."[99]

Aus *Schwedt* an der Oder mit seinen modernen Raffinerie-Anlagen ist seit der Wende jeder dritte Einwohner weggezogen. Von denen, die geblieben sind, ist jeder Vierte arbeitslos. In den Raffinerien dort arbeitet heute nur noch ein Fünftel der früher dort tätigen 8.600 Arbeiter und Angestellten.
Das *Mansfelder Land* verödet; usw./usf..
Und die Abwanderungszahlen summieren sich weiter Monat für Monat, Jahr für Jahr, wenn auch manchmal mit vorrübergehend sinkenden Tendenzen. Immer mehr sind Ostdeutsche auf der Suche nach einer beruflichen Perspektive gezwungen, sogar auch Arbeitsangebote in anderen Ländern Europas, in den USA und in Australien anzunehmen. Am Schwarzen Brett in den Job-Centren und bei den Arbeitsagenturen hängen Plakate, die Jobs in München und Nürnberg, aber auch in der Schweiz, in Österreich, in Norwegen und Irland anbieten.

Zusätzlich zu denen, die ganz und gar, also auf Dauer bzw. zumindest für längere Zeit nach dem Westen gehen, sich dort eine berufliche Perspektive aufbauen, eine Wohnung einrichten, Familien gründen, sind ständig Zehn-

---

[99] S. Wenzel, a.a.O., S. 206/207

tausende Ostdeutsche als „Pendler" im Westen tätig. Sie werden dort als willkommene Billig-Arbeitskräfte ausgebeutet. Und es werden immer mehr, die lediglich einmal in vier Wochen für ein Wochenende bei ihrer Familie zu Hause sein können. Bei der Familie, deren Lebensunterhalt sie eben nur dadurch weiter bestreiten können, indem sie bei einem Arbeitgeber in den alten Bundesländern Geld verdienen.

Viele zu DDR-Zeiten oft unter wirklich schwierigen Bedingungen und mit großen Anstrengungen aufgebaute Industriestädte degenerieren mittlerweile zu langweiligen, verträumten Kleinstädten. Die Einwohnerzahl einer ganzen Reihe früherer Großstädte ist bereits unter 100.000 gesunken. Vormals junge, pulsierende Städte wie *Hoyerswerda, Leinefelde und eben Schwedt* werden entvölkert. Als die Menschen aus der ganzen Republik nach *Schwedt* zogen, sahen sie, wie die Baukräne einen Häuserblock nach dem anderen hochzogen. Heute stehen die selben Leute an der selben Stelle und sehen wieder auf Kräne. An denen hängen Abrissbirnen, die die leeren Häuser abreißen.
Viele kleine Städte und Dörfer vergreisen auf Grund der Abwanderung oder verschwinden nach und nach vollständig von der Landkarte. Überall grassieren Wohnungsleerstand und Verfall. Es wachsen Depression, Resignation, Vereinsamung, Verelendung, Verrohung und Trotz. Statt Auf- oder Ausbau drohen vielerorts „Rückbau" und Abriss.
1 Million Wohnungen in Ostdeutschland stehen leer. Allein im Rahmen des „Stadtumbaus Ost" sollen 350.000 Wohnungen abgerissen werden. Es wird „entmietet" und dann ausgeweidet und zertrümmert, fein gemahlen zu Betonsplitt.

Wiederum nach den Angaben des Statistischen Bundesamtes lebten Anfang 1990 im Beitrittsgebiet (ohne Berlin) 14,8 Millionen Menschen. Ende 2001 waren es nur noch 13,7 Millionen.
Trotz der schönen Beispiele für Sanierung, Stadterneuerung *(Erfurt, Görlitz, Quedlinburg, Stralsund, Wittenberg)* und Straßenbau in Ostdeutschland stellt das Schicksal vieler Städte und ganzer Landstriche in Ostdeutschland seit 1990 eine Chronologie des Scheiterns dar: „Eine Kette von Verlusten, in der am Anfang ein Staat verschwindet. Dann die Arbeit. Dann die Hoffnung. Und am Ende die Bewohner. ... Das Land wird leerer."[100]
Christa Wolf hat resignierend formuliert: „Das Land läuft aus".

---

[100] M. Kaiser, DIE ZEIT, Nr. 11/2004, S. 13f.

Günter Grass schrieb 2005: „Die vormals befürchtete Abwanderung der Bevölkerung – weshalb überstürzt und zu früh die D-Mark eingeführt wurde – findet gegenwärtig und alltäglich statt: Ganze Landstriche, Dörfer und Städte entleeren sich."[101] ...

Wer heute, siebzehn Jahre nach dem Beitritt der DDR zur Bundesrepublik, ostdeutsche Städte und Dörfer besucht, die er aus DDR-Zeiten als lebendige und umtriebige (wenn natürlich auch oft irgendwie graue und nicht gerade von Reichtum gesegnete) Orte in Erinnerung hat, der freut sich über einzelne schön restaurierte Häuser, Kirchen, Straßen und Marktplätze. Der ist aber auch erstaunt, wie leer und öde jetzt viele früher belebte Straßen, Plätze und ganze Orte sind. Den befremdet die Behäbigkeit, Langeweile, Lethargie, Ruhe und Beschaulichkeit, die dort jetzt Platz greifen. Den befremden aber vor allem auch die unübersehbaren Zeichen für zunehmende Verarmung und Verwahrlosung.
Den ergreift Entsetzen angesichts der rasant zunehmenden Gewaltbereitschaft. Darüber, dass mancherorts Jugendliche oder Ältere abends nicht mehr allein auf den Straßen unterwegs sein können. Zu DDR-Zeiten wäre es unvorstellbar gewesen, dass die Leute auf der Straße oder in den Parkanlagen meist einfach weiter- und vorbeigehen, wenn dort Obdachlose herumliegen. Es sind nicht mehr nur einzelne in Ostdeutschland lebende Ausländer, die auf die Frage, wie es ihnen denn heute hier in ihrem Dorf/in ihrer Stadt gehe, antworten: *„Ich habe Angst!"* Heutzutage lassen immer mehr Eltern ihre Kinder nicht mehr allein von der Schule nach Hause kommen, weil sie Angst haben, es könnte ihnen etwas Schlimmes zustoßen.

Untersuchungen belegen: Mit der Abwanderung der gut ausgebildeten jungen Menschen aus ostdeutschen Städten und Gemeinden entsteht „ein *systematischer Selektionseffekt*":
„In den abwanderungsstarken Kommunen und Regionen gibt es einen niedrigeren Bildungsgrad, eine höhere Angst vor Arbeitslosigkeit, ein größeres Gefühl politischer Machtlosigkeit und stärkere mangelnde soziale Unterstützung als in abwanderungsschwachen Regionen.
Deutlich ist der Einfluss der Abwanderungsraten auf die Zunahme feindseliger Mentalitäten: Je mehr Familien-, Arbeitsplatz- oder Ausbildungswanderer eine Region verlassen, umso niedriger ist das Bildungsniveau und ausgeprägter das Desintegrationsklima. Die Folge: Desto größer ist das Ausmaß an feindseligen Mentalitäten." Dort, wo bereits für die Einhei-

---

[101] DIE ZEIT, Nr. 19/2005, S. 1

mischen Arbeitsplätze fehlen und deshalb viele abwandern, wächst nahezu zwangsläufig Fremdenfeindlichkeit. Desto größer ist die Zahl derjenigen, die sagen, die „Ausländer sollten nach Hause geschickt werden".[102]

Anstelle des früher verbreiteten Frustes über fehlende Reisefreiheit und Ineffektivität der Wirtschaft zu DDR-Zeiten ist inzwischen eine neue Verunsicherung, eine neue Wut auf die nunmehr bestehenden Verhältnisse getreten. Es sind viele neue „Nachwende"-Ursachen, die den Osten Deutschlands heutzutage radikaler, gewaltbereiter und ausländerfeindlicher machen als den Westen. Es wachsen nicht nur Trotz und Politikverdrossenheit. Die aktuellen Zahlen über Wahlbeteiligungen sprechen diesbezüglich Bände!
Zunehmend ist das Selbstwertgefühl vieler Menschen in Ostdeutschland angeknackst. Der Wille zur Selbstbehauptung und das Streben nach öffentlicher Anerkennung können für immer mehr Menschen nicht durch die nunmehr gegebenen und ja auch oft gut genutzten Konsum- und Reisemöglichkeiten kompensiert werden. Zumal sich die finanziellen Voraussetzungen für viele Menschen nicht *trotz* sondern gerade *wegen* der Schritt für Schritt immer mehr wirksam werdenden neoliberalen „Reformen" drastisch weiter verschlechtern – allen geschönten Statistiken zum Trotz.
Deshalb ist es eben scheinheilig, wenn *west*deutsche Medien mit dem Finger auf zunehmende Fremdenfeindlichkeit und Gewaltbereitschaft in *Ost*deutschland weisen, aber andererseits die Gründe und Ursachen dafür verschweigen sowie im Gegenteil sogar Zuwanderung Ostdeutscher nach dem Westen und ihre Beschäftigung dort gutheißen.

Die bereits zitierte zuständige Behörde, das Statistische Bundesamt, geht davon aus, dass die Bevölkerung Ostdeutschlands bis zum Jahr 2020 auf ca. 12 Mio. sinken wird. Für ganze Regionen liegen *Prognosen* vor, die schwarz auf weiß belegen, dass bis 2020 die bis heute noch verbliebene Bevölkerung auf Grund von Geburtenrückgang, Abwanderung und Überalterung um weitere 20 bis 30 Prozent zurück gehen wird.
Abwandern werden weiter vor allem viele Jugendliche. Die erwähnten Prognosen besagen, dass speziell die Zahl der unter 20-Jährigen im Beitrittsgebiet von 2001 bis 2020 um ca. 30 Prozent sinken wird. In weiten Teilen Ostdeutschlands wird dann ein Drittel der Bevölkerung über 60 Jahre alt sein. Vor allem geht nach diesen Prognosen der Anteil der Frauen an der Bevölkerung in den ländlichen Gebieten Ostdeutschlands

---

[102] DIE ZEIT, Nr. 51/2006, S. 21ff.

immer weiter zurück. Die Einwohnerzahlen schrumpfen durch *Geburtenmangel* sowie durch weitere Abwerbung und in deren Folge *Abwanderung* vor allem junger Fachkräfte und Auszubildender.

Wenn man nach dem Verbleib der Jugendlichen fragt, hört man vielerorts: „Von 100 sind 90 weg!" Eine schlichtweg übliche Eltern-Antwort zu den Vorstellungen über die Zukunft der Kinder lautet: „Habe meiner Tochter geraten, in den Westen zu gehen, dort zu lernen und da zu bleiben. Hier im Osten sind wir verraten und verkauft."[103]

Zurück bleiben die Alten, die schlecht Ausgebildeten, die Nicht-Mobilen, die Ängstlichen, schwer oder nicht mehr Sozialisierbare und Frustrierte. Die Kehrseite: Unternehmer aus Westdeutschland und dem Ausland die unter Umständen wegen für sie günstiger Standortvorteile (neue Infrastrukturen, Bundes- bzw. EU-Fördermittel) bereit wären, in ostdeutschen Kommunen zu investieren sowie immer mehr auch ostdeutsche Existenzgründer suchen dort inzwischen vergeblich nach engagierten Fachkräften. Firmen, die damit liebäugelten, in Ostdeutschland zu investieren, weil es dort billige qualifizierte Arbeitskräfte geben soll, wandern ab nach Polen, Tschechien, Rumänien und Ungarn, Indien und China.

Nach dem Ende des Kalten Krieges findet nunmehr zwischen West und Ost ein unerbittlicher, von ungehemmtem Profitstreben westlicher Konzerne bestimmter **Konkurrenzkampf um Talente** statt. Leider haben viele Investoren, die aus Westdeutschland in die neuen Bundesländer kamen, nicht nur nach ihrem Verständnis saniert oder eben aufgekauft, stillgelegt und Fördermittel kassiert. Sie wurden auch Wegbereiter vor Ort für die Organisation der Abwanderung noch verbliebener Arbeitskräfte sowie der nachwachsenden Arbeitspotenziale nach dem Westen. Es „rechnet sich nicht", im Osten weiter Teilbetriebe zu unterhalten, wenn keine Fördermittel mehr fließen, oder etwa dort – wie viele fordern – die Löhne und Gehälter dem Westen angeglichen werden. Wie hatten doch westdeutsche Konzernvertreter empört geäußert: *„Sie werden doch nicht erwarten, dass wir mit unserem Kapital auch noch unsere Konkurrenz im Osten aufbauen!"* Der Beitritt der DDR zur Bundesrepublik Hals über Kopf hat den Monopolkonzernen des Westens Tür und Tor geöffnet für den Abzug und die profitable Ausnutzung auch der letzten noch verbliebenen Ressourcen Ostdeutschlands, des sogenannten „Humankapitals".

---

[103] Wolfgang, OstBlog, 20. 11. 2007

Natürlich hat es auch positive Effekte, wenn junge Leute zur Ausbildung oder zur Arbeit in andere, prosperierende Regionen wandern. Sie erwerben dort neue berufliche Fähigkeiten und Lebenserfahrung. Sie lernen ganz persönlich und ganz real, sich in dieser Marktgesellschaft zu behaupten. Und sie tragen natürlich zur Stärkung der Wirtschaftskraft in der jeweiligen Aufnahmeregion bei. Ein positiver Effekt für die **Abgabe**regionen kann/könnte aber letztlich nur entstehen, wenn auch dort wieder Menschen zuwandern. Wenn also die vormals Abgewanderten nach einigen Jahren wieder in ihre Heimatregionen *zurückkehren.* Und das setzt zu aller erst voraus, dass sie dort berufliche Tätigkeitsfelder und funktionierende Lebensstrukturen vorfinden.

Kann man den Abgeworbenen, den Abwanderern aus den neuen Bundesländern gen Westen von heute persönliche Vorwürfe machen? Wohl kaum. Am aller wenigsten angebracht sind solcherart Vorwürfe an die Adresse der Abwanderer von Leuten, die *seinerzeit* zu denen gehört haben, die dort in der DDR „das Sagen hatten". Also von denen, die *seinerzeit* – als die DDR noch existiert hat – ja eben nicht nur den einen oder anderen, sondern Zehntausende haben ziehen lassen bzw. sogar regelrecht weggegrault oder ausgebürgert haben. Und es ist ja auch bezeichnend – wie es letztlich natürlich einsehbar, sehr wohl subjektiv verständlich und auch persönlich wohl gar nicht vorwerfbar ist – dass unter den Jugendlichen, die heute auf Arbeitssuche in Richtung Westen gehen, vor allem und zuerst auch die Kinder und Enkel der vormals in der DDR die Wirtschaft und den Staat tragenden Eliten sind. Diesbezüglich bleibt nur zu hoffen, dass diejenigen, deren Kinder und Enkel in die alten Bundesländer gehen, diesen ihren Kindern und Enkeln ans Herz legen, nach einigen Jahren wenn irgend möglich in die Heimatregionen zurück zu kommen. Und, dass diese auch tatsächlich und auf Dauer dorthin zurückkommen.

Denn: **Wer bleibt übrig,** wenn so viele junge Leute nach Westdeutschland abwandern?
Wer sorgt für den versprochenen Aufschwung Ost?
Wer soll das Steuer wieder herumreißen?
Was soll aus immer mehr verfallenden Städten und Gemeinden in Sachsen-Anhalt, Mecklenburg-Vorpommern und Brandenburg werden?

In den wunderschön in Stand gesetzten Renaissance-Häusern in *Görlitz* stehen ca. 10.000 Wohnungen leer. In *Quedlinburg* sind mit Fördermitteln 772 der über 1.200 Fachwerkhäuser saniert worden. Aber fast 200 dieser

schönen Häuser stehen leer. Die Abwanderer hinterlassen hübsch sanierte, aber vergreisende Lebensorte. Neu eingerichtete kommunale Gewerbegebiete stehen leer. Es sind „beleuchtete Parkflächen". ...
Es fehlt an Menschen. Hier wie dort wird es schließlich ganz egal, wer in den kommunalen Verwaltungen tätig ist. Ob die eine oder die andere, eine mehr „linke" oder eine mehr „neoliberale" Partei oder Gruppierung dort Ämter besetzt bzw. Verwaltungspersonal stellt. Und die nach westdeutschen Mustern erfolgende Zusammenlegung von Ortschaften und Eingemeindungen sind dann regelrecht zwangsläufige Folge der unaufhaltsam fortschreitenden Entvölkerung ganzer Regionen.
Immer öfter ist jetzt auch offiziell die Rede davon, dass aus den sich entvölkernden ostdeutschen Regionen die „freiwillige Abwanderung" gefördert werden soll. Dass staatliche Umsiedlungshilfen gewährt, dass sog. „Abwanderungsprämien" gezahlt werden sollen. Denn Regionen, aus denen sich die Wirtschaft, das Kapital zurückzieht, könnten nicht künstlich am Leben erhalten werden. Bevölkerungspolitik könne nicht „gegen die sich vollziehenden Marktprozesse" betrieben werden. ...

Es ist abzusehen: Über kurz oder lang steht Ostdeutschland in Folge der massenhaften Abwanderung der Jüngeren und Besser-Qualifizierten nach Westdeutschland wiederum vor der Situation, dass in den Städten und Kommunen ganz einfach engagierte und kluge Menschen mit Orts- und Sachkenntnis fehlen, die „die Karre wieder aus dem Dreck ziehen" könnten. Das heißt, es fehlen dann dort einfach befähigte Leute, die in der Lage wären, eventuelle Neuansätze und Alternativ-Vorstellungen zu tatsächlich positiver Veränderung der Sachlage zu realisieren.
Oder noch deutlicher: „Kluge Ideen" für neue Ansätze, noch so wohlklingende an Schreibtischen ausformulierte Alternativ-Vorstellungen werden *überflüssig*, wenn dort kaum einer mehr da ist, der diese mit Sachverstand zum Nutzen der Mehrheit der Bevölkerung umsetzen könnte. Wenn in einzelnen Orten und ganzen Regionen fast nur noch Ausgegrenzte, Frustrierte und potentiell Gewaltbereite leben. Niemand möge da von hoher Warte her sagen: *„Übertreib mal nicht!"* Zwischenzeitlich fehlen ja in vielen kleineren Gemeinden in Ostdeutschland nicht nur – was problematisch genug ist – der zehnte und elfte Mann für`s sonntägliche Fußball-Punktspiel in der Kreisklasse und der Nachwuchs für die freiwillige Feuerwehr. An allen Ecken und Enden fehlen einfach junge, engagierte und kreative Leute!

Auf der einen Seite ziehen sich von den Dableibenden viele wegen erlittener Demütigungen zurück, verweigern sich, weil sie sich von der West-

gesellschaft unverstanden fühlen. Sie ziehen sich in „ihre" Welt zurück. Aber diese Welt von damals ist verloren gegangen. Sie ziehen sich in eine Welt zurück, die ... es gar nicht mehr gibt.
Auf der anderen Seite und zugleich damit verbunden breiten sich Lethargie und Schweigen aus: Angesichts *jetzt* durchlittener Ausgrenzungen und Diffamierungen wird – das ist nahezu zwangsläufig und ja auch aus persönlicher Sicht durchaus verständlich – Falsches, Schlechtes, Nicht-Geglücktes aus DDR-Zeiten übergangen, ignoriert, tot geschwiegen. Genauso, wie viele der *heute* Benachteiligten und Ausgegrenzten auch seitdem Erreichtes und Positives, das es ja vielerorts in Ostdeutschland gibt, einfach ignorieren. „Der Weggang vieler Jüngerer ist auch eine Flucht vor diesem Schweigen; vor der gebückten Haltung der Älteren, die den aufrechten Gang gelernt haben wollen, sich nun aber in der Ostalgie einrichten."[104] Auch hier: ein Teufelskreis, der schwer wieder zu durchbrechen sein wird.

Mancherorts wird natürlich auch diskutiert, und es werden Pläne geschmiedet. In den engagierten Debatten im kleinen Kreis sind sich vor allem ältere Gleichgesinnte einig, wenn es um Protest gegen die „Arroganz des Westens", gegen erlittene Benachteiligungen und soziale Ausgrenzung heute geht. Sie streiten über möglichst perfekte Formulierungen für einzelne politische Programmpunkte oder Satzungen. Das ist notwendig, wichtig und richtig.
Derweil greifen aber vielerorts draußen im harten Alltag dort unaufhaltsam Fakten Platz, die dazu führen, dass *die Menschen*, die zur Arbeit und zur Einleitung erforderlicher Veränderungen am Orte fähig wären, *nicht mehr da sind*. Auf der Suche nach Arbeit und irgendeinem erträglichen Auskommen sind sie *weggezogen*, aus dem Ort einfach *verschwunden*. Viele von ihnen sind enttäuscht, dass diejenigen der älteren Generation, die seinerzeit „das Wort geführt haben" und alles, was die Partei ihnen auftrug, mit gemacht haben, heute versagen, schweigen oder in nostalgische Reden ausweichen. Trotz so mancher Debatten Älterer an Diskutiertischen bleibt den Jüngeren auf der Suche nach irgendeinem Auskommen für sich und ihre Familien de facto *oftmals gar nichts weiter übrig, als wegzuziehen, abzuwandern*. „Wem kann man es da verübeln, wenn er fortgeht?"[105]
Abwanderung derjenigen, die tatsächlich etwas zum Besseren verändern könnten – das ist die Kehrseite sowohl der Resignation und des Schwei-

---

[104] R. Ide, Tagesspiegel vom 30. 9. 2007
[105] A. Schumacher, OstBlog, 19. 11. 2007

gens vieler Angehöriger der älteren Generationen, als auch auf der anderen Seite der Ignoranz so mancher ostalgischer Debatten von Gleichgesinnten im kleinen Kreis. Mit verklärenden Rückblicken von heute auf *damals, zu DDR-Seiten Vorhandenes* werden fragwürdige Illusionen genährt, wird der Blick voran verstellt bzw. sogar in falsche Richtung gelenkt. Das, was seinerzeit für große Teile der Bevölkerung gesichert war, ist ja eben zwischenzeitlich „den Bach runter gegangen", ist verloren, ist verspielt.

„Es ist wie ein Fluch!" Die erneute Go-West-Abwanderung ist verheerendes Kettenglied einer Abwärtsspirale ohne Ende.

Geld, das – wie es so schön heißt – aus dem Westen zum „Aufbau Ost" in die neuen Bundesländer geflossen ist und ja auch in erheblichem Umfang nach wie vor weiter fließt, *wandert* nicht nur als Profit aus Warenverkäufen, sondern vor allem in Gestalt der dort in Ostdeutschland Heranwachsenden auf der Suche nach Arbeit und Auskommen *zurück in den Westen*.

Für diese *Geld*zahlungen aus dem Westen nach Osten wandern in großer Zahl *Menschen* aus Ostdeutschland in die Alt-Bundesländer. Und im Osten fehlen auf Schritt und Tritt Fachkräfte, junge Familien mit Kindern, Unternehmensgründer, Selbständige usw.. Das heißt auch, im Sprachgebrauch der Kapitalgesellschaft gesagt: Es fehlen hier ganz einfach Steuerzahler. Die Einwohnerverluste führen zu geringeren Steuereinnahmen und damit zwangsläufig in deren Folge auch zur Senkung der Zuschüsse und "Transferleistungen"; weil deren Höhe sich nach der jeweils verbleibenden Einwohnerzahl richtet. Die Steuereinnahmen pro Einwohner Ost betragen nach amtlichen Angaben bereits jetzt weniger als die Hälfte in vergleichbaren Gebietskörperschaften West, und sie sinken vielerorts in rasantem Tempo weiter. Und es ist für manche eben gar nicht so unwillkommen, wenn vom Westen *weniger* transferiert werden muss – weil dort in manchen Gegenden in den neuen Bundesländern einfach nicht mehr so viele da sind!

Seit dem Anschluss der DDR an die Bundesrepublik und verstärkt seit Mitte der 1990er Jahre hat eine **neue Phase** der Entvölkerung, der Abwanderung von Ostdeutschland nach Westen eingesetzt. Es handelt sich dabei um aktuelle Migrationsprozesse mit weiteren erheblichen negativen Effekten für die „Abgaberegionen". Es sind Abwanderungsprozesse einer neuen, anderen Qualität, die in ihrem Charakter, ihren Ursachen und auch in ihren Dimensionen nicht einfach mit der Republikflucht aus der SBZ/DDR im Zeitraum von 1948 bis 1989 gleichgesetzt werden können. Vor allem durch diese ökonomisch und sozial bedingten Migrationsbewegungen Hunderttausender von Ost nach West im staatlich wiedervereinigten Land werden weitere Fortschritte bei der ökonomischen Konsolidierung in den neuen Bundesländern und bei der Herstellung der inneren deutschen Einheit in Frage gestellt.

Da die Regierungsverantwortlichen letztlich – ob sie das direkt zugeben oder auch verbal immer wieder lauthals weit von sich weisen – vorwiegend im Westen etablierten Kapitalinteressen zu Diensten sind, bleibt vielen strebsamen Arbeitsuchenden in Ostdeutschland als einziger Ausweg für eine persönlich lebenswerte Perspektive die Abwanderung hin zu Arbeitgebern im Westen. Zwangsläufige Folge: Niedrige Arbeitslosenquoten, ja mancherorts sogar wieder Erreichen von Vollbeschäftigung (!) im Westen, anhaltende hohe Sockel- und Langzeit-Arbeitslosenquoten im Osten, mit allen daraus folgenden negativen Konsequenzen.

Es ist keinesfalls „ganz normal", wie manche Leute glauben machen wollen, dass heute, nach siebzehn Jahren deutscher Einheit in diesem Umfang Arbeitswanderungen von Ost- nach Westdeutschland und in andere Länder stattfinden. Es hilft überhaupt nicht weiter, wenn darauf verwiesen wird, die ostdeutschen Länder seien „ja schon immer traditionelle Pendlerländer" gewesen. Es kann nicht hingenommen werden, wenn es immer wieder heißt: Während die Bevölkerungsmigration nach 1944/45 durch Krieg und Vertreibung geprägt war, handele es sich bei der Republikflucht bis 1989 und speziell bei der Abwanderung Ostdeutscher seit der „Wende" ja lediglich um ganz normale deutsch-deutsche Arbeitsmigration, also um „normale" Binnenwanderung. Und es ist sehr einseitig, wenn gesagt wird: Weggehen, sich „den Wind um die Ohren wehen zu lassen" – das ist doch gut, das könne man doch nur *jedem* raten.

Ebenso wenig kann es als „normal" bezeichnet werden, wenn einige „Fachleute" aus dem Westen vollen Ernstes raten, die sich entvölkernden Regionen in Ostdeutschland *aufzugeben*, *abzuschreiben*, auf solche „chancenlosen Regionen" doch einfach *zu verzichten*. Sie, diese sich entvölkernden Regionen in Mecklenburg-Vorpommern, in Sachsen-Anhalt und in Teilen Brandenburgs, seien ja schließlich auf dem Weg, „zu ihren historischen Wurzeln zurückzukehren". Solche Naturreservate und Landschaftsschutzgebiete „könne es ja schließlich nicht genug geben". Es sei „ganz natürlich", dass in solchen peripheren Regionen Schritt für Schritt auch wieder *Wölfe* und *Bären* heimisch werden!

Genauso abwegig ist es, wenn der Aderlass Ostdeutschlands begrüßt wird mit dem Argument, die Abwanderung befördere doch schließlich die gewünschte „Durchmischung von Ost und West". Dabei bleibt aber eben außen vor, dass mit der Abwanderung aus Ostdeutschland ein Beitrag zur „Durchmischung von Osten und Westen" weitgehend allein zum Nutzen des Westens geleistet wird. Und so richtig makaber wird es, wenn man Leuten, wie dem seinerzeitigen *Bürgerrechtler*, dem Rechtsanwalt und Buchautor *Rolf Henrich* auf die Frage, ob man über die Entvölkerung Ostdeutschlands traurig sein müsse, die Antwort in den Mund legt: *„Ich nicht! Dann habe ich hier mehr Platz. ..."*[106]

Gleichfalls kann keineswegs einfach hingenommen werden, wenn einige Ideologen im Westen wider besseres Wissen behaupten, der „Ost-West-Gegensatz" würde siebzehn Jahre nach dem Beitritt der DDR zur Bundesrepublik nicht mehr existieren. Dieser sei inzwischen aufgehoben. Es zielt in die falsche Richtung, wenn mit Bezug auf zurückliegende Wahlergebnisse konstruiert wird, Deutschland sei heute nicht/bzw. eben nicht mehr *Ost-West-* sondern *Nord-Süd*-geteilt, wie in deutscher Geschichte schon immer. Das behauptete „Ost-West-Paradigma" würde nicht bzw. heutzutage nicht mehr existieren. Der Ost-West-Konflikt würde maßlos überschätzt. Eine spezifische *„Ost*-Identität" etwa im Gegensatz zu einer West-Identität gebe es nicht bzw. könne es zumindest heutzutage nicht mehr geben, usw. usf..

Die Tatsächlichkeiten in den „neuen Bundesländern" und dabei vor allem eben die real ablaufende Entvölkerung Ostdeutschlands widerlegen solche Behauptungen.
Der Abschlussbericht der *Dohnanyi*-Kommission zur Kurskorrektur des Aufbau-Ost – und nur auf diese eine Äußerung sei hierzu an dieser Stelle verwiesen – hatte konstatiert: Das 14-jährige Scheitern des Aufbaus Ost, das strukturelle Wachstumsdefizit, die chronische Arbeitslosigkeit von 20 Prozent und die steigende Abwanderung sind ein „nationales Problem ersten Ranges". Solange der Westen überschüssige Waren in Ostdeutschland problemlos profitbringend absetzen, konkurrierende Produktionskapazitäten flächen-deckend einfach stilllegen und billige Arbeitskräfte abziehen konnte, beklagte sich im Westen niemand.

Aber jetzt, angesichts stagnierender Reformen, fortwirkender Wachstumsschwächen trotz partiell beachtlicher Konjunkturfortschritte, alarmierender Wahlausgänge und anhaltenden Schwierigkeiten bei sachgerechter Regierung wird auch einigen Verantwortlichen im Westen Schritt für Schritt klar, dass bei der Wiedervereinigung und beim „Aufbau Ost" gravierende Fehler

---

[106] DIE ZEIT Nr. 35/2005, S. 15

gemacht worden sind. Und, dass diese Fehler und Versäumnisse auch immer stärkere negative gesamtdeutsche und europäische Auswirkungen haben.

Die anhaltende deutsch-deutsche Migration von Ost nach West, die letztlich vorsätzlich gesteuerte Abwanderung maßgeblicher Teile der produktiven Bevölkerung von Ost- nach Westdeutschland erweist sich als ein, wenn nicht sogar *das Kardinalproblem*, von dessen Bewältigung maßgeblich der Erfolg aller Anstrengungen zu einer wirtschaftlichen, sozialen und politischen Konsolidierung abhängig ist. Ohne jede Übertreibung muss gesagt werden: Wenn der Rückgang in Ostdeutschland gestoppt werden soll und zugleich, wenn die Einheit der Deutschen weiter vorankommen soll, dann muss die Abwanderung, muss der Abzug der wichtigsten Ressource der neuen Bundesländer, des sogenannten „Humankapitals", *aufgehalten* und wieder *rückgängig* gemacht werden. Es müssen die Ursachen für diese Abwanderung ausgeräumt werden. Letztlich kann nur dann schrittweise die gesellschaftliche Stagnation gesamtdeutscher Entwicklungen überwunden werden. Jedes Nachdenken über bessere Perspektiven und gesellschaftliche Alternativen für Ostdeutschland und darüber hinaus muss sich zu aller erst dem gravierenden Problem der deutsch-deutschen Ab- und Zuwanderung zuwenden.

Und das gilt auch übertragen für den Fortgang der europäischen Einigung. Voraussetzung dafür ist, dass die Akteure in Politik und Wirtschaft die durch politisches Versagen in den zurückliegenden zwanzig Jahren entstandenen Realitäten illusionslos zur Kenntnis nehmen. Dass sie Konzepte entwickeln, die den eingetretenen Fakten und nunmehr vorliegenden Konstellationen in Folge der stattgefundenen Abwanderungen tatsächlich Rechnung tragen.
Es heißt, das Pferd vom Schwanze her aufzäumen zu wollen, wenn nach wie vor nur immer wieder auf den „alljährlichen Aderlass" des öffentlichen Transfers von „rund 85 Milliarden Euro" von West nach Ost verwiesen, die gesamten eingestrichenen „Wende- und Wiedervereinigungs-Gewinne", die Profite aus Übernahmen, Liquidierungen und Arbeitskräfteabzug aus Ostdeutschland aber ignoriert bzw. totgeschwiegen werden. Wenn man diesen West-Ost-Transfer als *„die entscheidende Ursache"* (!) für das im europäischen Vergleich allzu niedrige Wirtschaftswachstum der Bundesrepublik bezeichnet.[107]

---

[107] so u.a. auch: Helmut Schmidt, DIE ZEIT, Nr. 46/2005, S. 1

Migration – das sind Abläufe, die auf Dauer nur als *zweiseitig bzw. mehrseitig* organisierte und zugleich Nutzen bringende Prozesse effektiv gestaltet werden können. Solange sie *nur der einen Seite*, den sog. *Aufnahme*regionen, Vorteile bringen und den *Abgabe*regionen nahezu alle Nachteile überlassen, können sie auf Dauer für keine der beiden Seiten vorteilhaft sein. Weil die negativen Konsequenzen für die Regionen, aus denen die zukunftsfähigen Bevölkerungsteile abwandern, zwangsläufig mit der Zeit auch in den Aufnahmeregionen und damit für die Gesamtentwicklung negative Wirkungen zeitigen werden.

Derartige negativen Wirkungen können nur verhindert werden, indem die Aufnahmeregionen *im gleichen Maße*, wie sie Vorteile durch die Zuwanderung haben, ihrerseits den Abgaberegionen Unterstützungen zu kommen lassen. Wenn sie also – im Interesse einer langfristig positiven Gesamtentwicklung – mit *einem erheblich größeren Teil* der durch die Zuwanderungen erlangten Profite als bisher die Konsolidierung der Regionen, aus denen die Menschen abgewandert sind, sichern helfen.

Es ist unverzichtbar, *Sonderkonditionen* für eine eigenständige Wirtschaftsentwicklung in Ostdeutschland zuzulassen, und zwar eben weit über die bisherigen sog. „Transferleistungen" hinaus. Die dafür erforderlichen Mittel sind *proportional aus den Profiten* zur Verfügung zu stellen, die Konzerne, Unternehmen und Gebietskörperschaften im Westen in den zurückliegenden Jahren seit der Wiedervereinigung aus dem gewaltigen Warenabsatz in Ostdeutschland, aus Eigentumserwerb (z.B. den makabren *1-DM/1-EURO-Übernahmen*) sowie aus dem Zufluss von „Humankapital" aus dem Osten erwirtschaftet haben und weiter Tag für Tag erwirtschaften.

Es steht fest und es ist für jeden, der sich ernsthaft mit diesen Fakten befasst, offensichtlich: In Ostdeutschland können auf Dauer keine eigenständige wirtschaftliche Basis und anhaltend funktionierende soziale Strukturen aufgebaut werden, wenn die Abwanderung in diesen Größenordnungen nicht gestoppt, wenn die Ursachen hierfür nicht ausgeräumt werden. Wenn nicht als Gegengewicht zur erfolgten und weiter ablaufenden Abwanderung die Voraussetzungen für den „Gegenstrom der *Zu*wanderung" und vor allem der *Rückkehr* vordem Abgewanderter ausgebaut werden.

Ansonsten sind die soziale Stabilität, die sozialen Strukturen und das gesamte Gefüge des öffentlichen Lebens in ganzen Regionen Ostdeutschlands ernsthaft gefährdet. Die Gefahr wächst, dass weiter – unkontrolliert und zum Beispiel den Unwägbarkeiten an Wahltagen überlassen – noch mehr zwar möglicherweise persönlich irgendwie engagierte, aber eben nicht für die schwierigen Aufgaben ausreichend befähigte Leute dort in Ämter und Positionen gelangen.

In vielen Gemeinden in Ostdeutschland fehlen heute bereits Menschen, die bereit und in der Lage sind, hauptberufliche- und Ehren-Ämter zu übernehmen. Es ist kein Einzelfall, wenn in einem Ort die CDU keinen geeigneten Nachfolger für einen aus Altersgründen Ausscheidenden benennen kann, die SPD dort gar nicht existiert und bei der LINKEN sich angesichts der aussichtslosen Lage keiner traut anzutreten – und dann allein ein Mann von der NPD kandidiert. ...
Wenn größere Teile der Bevölkerung resignieren, wächst die Gefahr, dass Mandate sowie Aufgaben in Verwaltungen in ostdeutschen Kommunen an Personen übertragen werden, die keine demokratischen Ziele verfolgen. Darunter auch an Leute, denen am Orte, weil es keine andere Arbeitsmöglichkeit gibt, ganz einfach nichts weiter übrig bleibt, als „in die Politik zu gehen". Die also davon leben, irgendein Amt auszuüben, irgendwie „Politik zu machen". Oft also an Personen, die zum Beispiel gar nicht in der Lage sind, die Entvölkerung und den weiteren wirtschaftlichen Niedergang aufzuhalten. Die vor allem auch nicht in der Lage sind, den Machenschaften von Demagogen, mit allen Wassern gewaschenen Investoren und darunter eben auch den Abwerbern aus dem Westen wirksam entgegenzutreten. Sondern dabei eben auch an Leute, die im Gegenteil sogar bereit sind, die Enttäuschung und den wachsenden Unmut von Teilen der Bevölkerung auszunutzen zum Anheizen rechtsradikaler Gesinnung und von Gewaltaktionen.

Nochmals muss mit Bezug auf die stattgefundenen Abläufe der „ostdeutschen Revolution" 1989/Frühjahr 1990 eindringlich gesagt werden:
Es geht heute und morgen nicht um für die Ostdeutschen wohlklingende Reden, effektvolle Talk-Show-Auftritte oder Versprechungen. Es kann nicht darum gehen, die Vergangenheit zu verklären, Illusionen zu verbreiten, oder – wie in einem luftleeren Raum – irgendwelche Trugbilder vorzugaukeln. Gefragt sind möglichst reale Konzepte für die tatsächliche Einflussnahme auf die Ausübung wirtschaftlicher Macht unter In-Rechnung-Stellung der objektiven Interessenlage der Bevölkerung in Ostdeutschland.

Es geht darum, schrittweise die Voraussetzungen zu schaffen für realisierbare alternative Gestaltungsmacht im Interesse der ostdeutschen Bevölkerung vor Ort. Und dabei geht es zuerst einmal darum, falschen Investoren und Abwerbern mit profunder Sachkenntnis und Beharrlichkeit im Rahmen

der in diesem Lande und im jeweiligen Ort nach dem Scheitern des Real-Sozialismus nun einmal gegebenen Mechanismen und Strukturen der tatsächlichen politischen und wirtschaftlichen Machtverhältnisse sowie auch sozusagen „außer-parlamentarisch" möglichst wirksam entgegen zu treten.
Es geht darum, sich im politischen Alltag im Bemühen um die Lösung der anstehenden Sachfragen in den höchst unübersichtlichen, ja oft für den gesunden Menschenverstand undurchschaubaren Strukturen, Interessengeflechten und Konfliktbeziehungen zu behaupten. Gerade auch dabei können gewiss vormalige Abwanderer aus Ostdeutschland, die nach Ausbildung bzw. Arbeit im Westen in ihre Heimat zurückkommen, auf Grund der dort erworbenen Erfahrungen Wichtiges bewerkstelligen.

Ansonsten wächst die Gefahr, dass mit weiterer Abwanderung im Osten Frust und Resignation, aber auch Trotz, Meckerei und gewaltbereite Protestpotenziale weiter wachsen. Es wächst – wie oben bereits angedeutet – die Gefahr, dass die Verlierer der Einheit, dass Frustrierte, Verärgerte, Enttäuschte, Ausgegrenzte und solche, die sich ausgegrenzt fühlen, die für sich keine Perspektive mehr sehen, erneut auf haltlose, nicht realisierbare Versprechungen hereinfallen. Die auch hereinfallen auf Leute, die direkt zu Gewaltaktionen aufhetzen.
Es gibt ernst zu nehmende Anzeichen dafür, dass (auch) in Ostdeutschland Gewalt und die Ausübung von Gewalt gegenüber Schwächeren nach und nach regelrecht zu etwas Erstrebenswertem, zu „positiven Werten" werden. Hier wirkt sich verheerend die flächendeckende Gewaltverherrlichung über die öffentlichen und privaten Medien aus. Angesichts des fortschreitenden Sozialabbaus wächst unterschwellig von den Schulhöfen bis in die „große Politik" die – letztlich natürlich irrige und abwegige, ja zutiefst gefährliche – Hoffnung, dass man *mit Gewalt*, mit Gewaltausübung irgendetwas für die Benachteiligten zum Positiven verändern könne.

Tatsächlich können spontane Gewaltaktionen, wenn man die Situation illusionslos beurteilt, unter den gegebenen Bedingungen an der Sachlage schwerlich etwas ändern. Sie verbreiten lediglich weitere Ängste unter der Bevölkerung. Sie sind aber andererseits für die Machtausüber manchmal gar nicht so unwillkommen als *Vorwände*, um darauf mit rigoroser staatlicher Gewaltanwendung zu reagieren. Aktuelle Gewaltexzesse sind willkommener Anlass für noch konsequentere Überwachungsmaßnahmen und weitere Beschränkung der Bürgerrechte durch Legislative und Exekutive. Es können damit unheilvolle Kreisläufe weiter voran getrieben werden, die sich wie in einer Spirale ständig weiter hochschaukeln – mit ungewissem Ausgang; besonders für die „kleinen Leute", für die einfache Bevölkerung. Die aber vor allem auch die Erarbeitung realisierbarer alternativer Vorstellungen grundsätzlich gefährden können.

Wer in diesen Zeiten Frustrierte, Enttäuschte und Ausgegrenzte zu spontanen Gewalt-Aktionen anstachelt, sie sozusagen „auf die Barrikaden ruft", ohne eindeutige, kalkulierbare und realisierbare Zielstellungen abzustecken, sollte sich darüber klar sein, dass er ein Spiel mit dem Feuer betreibt. Sowohl Rechtsradikale und Neofaschisten auf der einen, als ja auch auf der anderen Seite die beamteten Ordnungshüter stehen bereit, gegen die Protestierer auch mit Gewalt vorzugehen. Nicht von ungefähr fachen bestimmte Kreise unter anderem auch immer wieder die Diskussion an über Kompetenzen für die Bundeswehr zum Einsatz *im Innern*.

Es ist Vorsicht geboten, wenn, kürzlich sogar höchstrichterlich, davon die Rede war, es „müsse ja schließlich auch *ungebändigte Demokratie*" gewährleistet werden.

Die Geschichte lehrt, dass solche Rede von Machthabern nur geführt wird, um „alles unter Kontrolle halten" zu können und ggf. umso härter gegen alle Protestierer vorgehen zu können. Und zugleich werden solche polizeilichen und justiziellen „Schutzschilde" bereitwillig von den Neonazis genutzt, um mit staatlicher Duldung ihr rechtes Kräftepotenzial zu formieren und auf Einsätze vorzubereiten.

Es wächst die Gefahr, dass (man kann ja nur sagen: *wiederum*) auf der Straße **tiefgreifende gesellschaftliche Umbrüche heranreifen, regelrecht provoziert werden – schlimmstenfalls mit überwiegend negativen Folgen** für die Allgemeinheit.

Es wächst die Gefahr, dass sich auf den Straßen Protestierer formieren, die sich einig sind in ihrem Frust, in ihrem Trotz, in ihrem Dagegen-Sein. Denen es aber auch in ihrer Verärgerung über bestehende Zustände *völlig gleich ist*, wer da vorne agiert, ob da zum Beispiel *„Linke"* oder eben auch Rechte vorneweg marschieren! Denen es ja sogar auch gleich ist, wer unter Umständen alles Opfer von Gewaltausübung wird.

Es wächst die Gefahr, dass nicht natürlich wünschenswerte oder auch erhoffte, in intensiven Debatten formulierte *linke* Alternativvorstellungen verwirklicht werden können, sondern stattdessen tatsächlich noch viel unsozialere, noch viel mehr diktatorische, auf noch mehr unmittelbare Gewaltanwendung ausgerichtete Strukturen zum Tragen kommen.

Niemand möge dann beschwörend sagen: *„Das* haben *wir* doch nicht gewollt!"

Es ist offensichtlich: Die heute weiter ablaufenden Abwanderungsprozesse beenden faktisch endgültig 1989 in Ostdeutschland von den damaligen Auf- und Umbruchskräften anvisierte Bestrebungen. Diese Abwanderungsprozesse stellen substanziell sowohl die angestrebten Ziele der Wiederherstellung der deutschen Einheit als auch in den letzten Jahren im Osten mancherorts mit großen Anstrengungen erreichte positive Ergebnisse wieder in Frage. Sie stellen an verschiedenen Orten neu geschaffene Arbeitsmöglichkeiten für Tausende wieder in Frage. Wie sie ja letztlich auch alle Überlegungen für eventuell realisierbare alternative Neuansätze in Frage stellen.

Was sollen Neubauten, was sollen einzelne wunderschön rekonstruierte Altbauhäuser und Straßenzüge, was sollen moderne Leitungssysteme, Autobahnen, sorgfältig vorbereitete Gewerbegebiete usw., wenn sie hoffnungslos überdimensioniert sind, wenn sie leer stehen, wenn sie auf Dauer ungenutzt bleiben? Wenn einfach zu wenig da sind, die sie bezahlen oder effektiv nutzen könnten. Was nützen zum Beispiel moderne Wasserwerke und Kanalisationssysteme – an denen einige Firmen im Westen gut verdient haben – wenn vor Ort immer weniger Menschen da sind, die überhaupt Wasser benötigen? Das reicht dann bis zu makabren Ratschlägen, wie: *„Da muss halt jeder, der noch da ist, zweimal spülen!"*...

Niemand wird einen Gewerbebetrieb in einem Gebiet eröffnen, wo Arbeitslosigkeit grassiert, wo einfach Kunden fehlen, die hochwertige Waren kaufen, die moderne Dienstleistungen bezahlen könnten. Wo potenzielle Randalierer umgehen, den Kiez beherrschen, usw..

Zur Beschwichtigung verweisen einige Politiker in diesem Zusammenhang wiederum auf die große Zahl derjenigen, die nach dem Beitritt der DDR zur Bundesrepublik aus Westdeutschland in die neuen Bundesländer gegangen ist und zum Teil auch heute noch gehen, um dort beim „Aufbau Ost" Unterstützung zu leisten. Die dort unter den ganz anders gearteten Bedingungen einen neuen Lebensabschnitt beginnen bzw. beginnen wollen. Das kann und darf nicht übersehen oder etwa „weggeredet" werden. In den neuen Bundesländern sind bekanntlich mehrere zehntausend Spitzenpositionen in der Verwaltung, in der Justiz, in der Polizei, an den Hochschulen, in der Wirtschaft usw. von Zugereisten aus den Altbundesländern besetzt worden. Viele engagierte Fachleute aus dem Westen haben hier wirklich Beachtliches geleistet. In eine ganze Anzahl der von Westdeutschen übernommenen ehemaligen DDR-Betriebe und -Unternehmen haben Westunternehmer Millionen investiert, sie haben Arbeitsplätze erhalten bzw. neu geschaffen. Zahlungskräftige Westdeutsche haben zu DDR-Zeiten

verwahrloste Herrenhäuser aufgekauft und saniert. Diese sind zum Teil zu attraktiven touristischen Anziehungspunkten ausgebaut worden, die auch kulturell Interessierte aus den Alt-Bundesländern und dem Ausland anlocken.
Von 1990 bis 1996 waren die Zahlen der aus Westdeutschland in die neuen Bundesländer Zuziehenden ansteigend bis auf über 100.000. In den folgenden Jahren ist die Anzahl der Zuzüge nach Ostdeutschland auf 88.200 im Jahr 2005 zurückgegangen.

Hier kann nur am Rande vermerkt werden, dass der Besetzung von Führungspositionen durch Westdeutsche rigorose Absetzung bzw. Abwicklung von vier Fünfteln der intellektuellen Eliten der alten DDR vorausging. „Zwischen 70 und 80 Prozent des qualifizierten wissenschaftlichen Personals, über das die DDR am Ende ihrer Existenz verfügt hatte, sind irreversibel aus der Sphäre finanzierter wissenschaftlicher Arbeit entfernt worden – teils unverzüglich durch Entlassung aus dem Arbeitsverhältnis oder durch `Abwicklung` ganzer Institutionen,..."[108]

Diese Abwicklung und Ausgrenzung eines großen Teils des vormals in Ostdeutschland tätigen intellektuellen Potenzials ist in diesen Ausmaßen ein in der modernen zivilisierten Welt einmaliger Vorgang. Diese „friedlich" vollzogene Abwicklung und Ausgrenzung fast einer ganzen Generation höher qualifizierten Personals eines industriell und kulturell entwickelten Landes sowie eben dazu zusätzlich die Abwerbung und Abwanderung der Jungen, Mobilen und Interessierten der nachwachsenden Generationen – das sind die Hauptfaktoren, die objektiv eigenständige positive Entwicklungen Ostdeutschlands in absehbarer Zukunft in Frage stellen.
Dabei war und ist es traurig, ja regelrecht tragisch, mit ansehen zu müssen, wie auf Grund der Platz greifenden Umstände in Ost-Verwaltungen und -Instituten vormalige „Nachwuchskader" dienstbeflissen mit vorauseilendem Gehorsam den „neuen Herren" gegenüber an der Kaltstellung und Abwicklung ihrer ehemaligen Chefs und Vorgesetzten durch die von Westdeutschland Zugereisten mitgewirkt haben. Sie, diese partiell erst einmal an den jeweiligen Ost-Einrichtungen verbliebenen Nachwuchskader aus Ostdeutschland waren aber oftmals nicht in der Lage, sich unter den neuen Konstellationen zu behaupten. Viele waren nicht in der Lage, der Fremdbestimmung durch neue Vorgesetzte aus den Altbundesländern Paroli zu bieten. Und die Tragik der Geschichte besteht dann eben auch noch darin:

---

[108] Ostdeutsches Memorandum, Ostdeutsches Kuratorium von Verbänden e. V., S. 20

Diejenigen, die erst einmal übernommen worden waren, mussten und müssen erleben, dass ihre Stellen gleichfalls sehr schnell einfach gestrichen oder durch aus dem Westen (oft nur vorübergehend) nachrückendes Personal besetzt worden sind.

Viele der seinerzeit eingesetzten „Leihbeamten" sowie des herüber gekommenen wissenschaftlichen und Verwaltungs-Personals aus dem Westen sind zwischenzeitlich wieder abgereist, haben sich nach Hause „zurückberufen" lassen, nachdem erforderliche Warte- und Bewährungszeiten für Berufungen bzw. Höherstufungen *im Westen* absolviert und die für den Osteinsatz großzügig gewährten Zulagen abgearbeitet sind. Im Schnitt ist bisher lediglich jeder Fünfte der aus dem Westen Zugewanderten längerfristig in Ostdeutschland geblieben. Hat hier neue Unternehmen aufgebaut, Immobilien erworben oder auch eine neue Familie gegründet. Und viele der wieder Abgereisten verweisen ganz offen darauf, dass es sich ja *jetzt* dort „nicht mehr lohne", dass dort *jetzt* „nicht mehr viel zu holen" sei, dass die ganze Lage „zu unsicher" sei, dass ihnen dort im Osten „das kulturelle Umfeld nicht zugesagt habe", usw. ...

Die Zuwanderung von Fachleuten aus dem Westen in die neuen Bundesländer stellt also bisher keinesfalls ein ausreichendes Gegengewicht zu dem flächendeckenden Abbau von Arbeitsplätzen im Osten und den massenhaften Abwanderungsprozessen auf der Suche nach Arbeit und Auskommen aus Sachsen, Sachsen-Anhalt, Mecklenburg-Vorpommern, Brandenburg und Thüringen dar. Es verbleibt also ein Negativsaldo von mehr als 1 Million Menschen, die seit 1991 aus Ostdeutschland abgewandert sind. Und diese Zahl wirkt doppelt schwer, weil es durchweg Abwanderer aus den zukunftsträchtigsten Teilen der Bevölkerung sind.

10. Rückkehr fördern!

Migration – das sind, wie gesagt - immer vielschichtige, mehrseitige Prozesse. Das ist immer Verhalten und Handeln von größeren Menschen gruppen – auf der Suche nach Arbeit, nach einem besseren Leben, oft auf der Flucht vor Gefahr und Gewalt

Auf der einen Seite: *Abwanderung* auf der Suche nach einer beruflichen Perspektive und Auskommen aus den sog. *Abgabe*regionen oder -ländern und auf der anderen Seite: *Zuwanderung* in die sog. *Aufnahme*regionen oder -länder.

Die aktuelle *deutsch-deutsche* Migration – das ist einerseits weiter massenhafte Abwanderung aus Ostdeutschland bzw. Zuwanderung in die Alt-Bundesländer und das ist andererseits die Zu- und Rückwanderung von West nach Ost.

Das Problem besteht darin: Es muss ganz gezielt und mit allen Anstrengungen Abläufen gegengesteuert werden, die der einen Seite weitgehend nur Verluste bringen, der anderen Seite aber nahezu alle Vorteile und positiven Effekte der Migration. Das heißt: die Abwanderung aus Ostdeutschland muss gestoppt und die Rückwanderung dorthin ganz gezielt gefördert werden.

Die Statistiken und die speziell dazu durchgeführten Untersuchungen belegen, dass der Bevölkerungsrückgang Ostdeutschlands zu einem Drittel dem Geburtenrückgang und zu *zwei Dritteln* der Abwanderung geschuldet ist. Die geringen Geburtenzahlen und das Weggehen junger und qualifizierter Menschen in großer Zahl bedingen den demografischen Abwärtstrend ganzer Landstriche. Sie bedrohen den 1990 eingeleiteten wirtschaftlichen und sozialen Aufholprozess Ostdeutschlands.

Dem nunmehr schon über Jahrzehnte anhaltenden Strom der Ost-West-Wanderung muss Einhalt geboten werden. Auf Dauer können die Folgen des Rückgangs der Bevölkerung nur gemildert werden mit dem Organisieren eines **Gegenstroms der Zuwanderung** und dabei vor allem der *Rückkehr* vormals Abgewanderter von West- nach Ostdeutschland. Gefordert sind wirksame Strategien gegen Abwanderung und zur Förderung von Rückkehr und Zuwanderung nach Ostdeutschland. Die verheerenden Folgen des Bevölkerungsschwundes in Ostdeutschland können nur gestoppt werden, wenn die Ursachen, die den Weggang ausgelöst haben und nach wie vor auslösen, schrittweise abgebaut werden. Wenn also wieder – kurz und knapp gesagt – neue Beschäftigungsmöglichkeiten geschaffen werden.

Erforderlich ist ein *grundsätzlicher Mentalitätswandel zur deutsch-deutschen Migration*: Es kann nicht mehr einfach hingenommen werden, dass viele junge Menschen aus Ostdeutschland nach Westen abwandern! Es reicht auch keinesfalls aus, sozusagen im Nachhinein lediglich sorgfältigst Beweggründe bzw. Motive aufzulisten, *warum* der/die eine und der/die andere weggegangen ist.

Mit Nachdruck und unter Nutzung aller nur irgend vorhandenen Möglichkeiten müssen die Rückkehr vormals Abgewanderter und eben auch Zuwanderung von Arbeitskräften organisiert werden. Diesbezüglich können und müssen angesichts der bisherigen Gewinn- und Verlustrechnung auch alle

eventuellen Skrupel abgelegt werden dahingehend, dass „man doch jetzt nicht Arbeitgeber im Westen benachteiligen dürfe", die bis dato Zugereiste aus Ostdeutschland beschäftigt haben.
Die ja nun einmal herrschenden Marktgesetze selbst verlangen, mit allen rechtlich zu Gebote stehenden Mitteln Arbeitskräfte für ökonomisch erforderliche Vorhaben und Unternehmungen in Ostdeutschland und Zuwachs für die Aufrechterhaltung funktionierender Bevölkerungsstrukturen zu gewinnen.

Wie künftig tatsächlich mit dem sich objektiv vollziehenden demografischen Wandel, dem Fehlen von Beschäftigungs-Möglichkeiten für hunderttausende Arbeitswillige auf Dauer und mit der nach wie vor anhaltenden Massen-Abwanderung junger, strebsamer und qualifizierter Menschen umgegangen wird – das wird über die Zukunft der Bevölkerung in den neuen Bundesländern im wiedervereinigten Deutschland entscheiden.

Alle Vorstellungen über Alternativen zu den bisherigen Entwicklungen seit der „Wende" bzw. seit der „Wiedervereinigung" müssen zu aller erst Position beziehen zum Problem der deutsch-deutschen Wanderungen.
Zum Beispiel ist in den *Programmatischen Eckpunkten* auf dem Weg zu einer neuen Linkspartei in Deutschland u.a. zutreffend ausgeführt: Notwendig sind „besondere Anstrengungen für eine selbst tragende wirtschaftliche und soziale Entwicklung Ostdeutschlands. ... Notwendig sind besonders: ... lebenswerte Rahmenbedingungen: Besonders für junge Menschen müssen Bildung, Kultur-, Freizeit- und Kinderbetreuungseinrichtungen, interessante Arbeitsplätze und Vereinbarkeit von Familie und Beruf so entwickelt werden, dass es sich lohnt, in Ostdeutschland zu bleiben."[109]

Das sind dem Grunde nach zutreffende und richtige Aussagen. Wobei sie, diese Aussagen, aber nur im Ansatz dem tatsächlichen Stellenwert, der gegebenen außerordentlichen Dramatik der Situation und der realen Bedeutung eines effektiven Kampfes gegen die Abwanderung aus Ostdeutschland und für Rückkehr und Zuwanderung Rechnung tragen. Ist es doch schließlich Fakt, dass in (nahezu) jeder Familie in Ostdeutschland inzwischen wenigstens ein, in der Mehrzahl der Familien jedoch mehrere Mitglied/er sowohl mit *Arbeitslosigkeit* als auch mit *Abwanderung* nach dem Westen bzw. ins Ausland konfrontiert ist/sind.

---

[109] Auf dem Weg zur neuen Linkspartei in Deutschland, Entwurf vom 22. 10. 2006, Erfurt, S. 7

Vielerorts hört man heute in den neuen Bundesländern: *„Es ist ja zutreffend, damals nach der Wiedervereinigung haben wir nicht genügend aufgepasst, wir haben einfach zu viele weggehen lassen!"* ... Mit solcherart rückschauend kritischen Stellungnahmen kann aber nicht ungeschehen gemacht werden, dass den in den verschiedenen Lagern politisch Verantwortlichen *viel zu spät* klar geworden ist: Der massenhafte euphorische Aufbruch nach Westen stellt die Zukunft Ostdeutschlands insgesamt in Frage. *Viel zu spät* haben die politisch Verantwortlichen in der ganzen Tragweite mitgekriegt, dass dieser enorme, wesentliche gesellschaftliche Strukturen in Frage stellende Abfluss von Humankapital nur aufgehalten werden kann, wenn in den neuen Bundesländern durchgreifend und umfassend für die Menschen **Gründe zum Bleiben** gesetzt und ganz gezielt neu geschaffen werden. Angesichts des heute handfest drohenden Fachkräftemangels in Ostdeutschland erschallen *jetzt* vielerorts laute Hilferufe: *„Bleibt hier, wir brauchen euch!"*
Wertvolle Zeit ist aber diesbezüglich von allen Verantwortlichen unwiderruflich verschenkt worden.

Das Wichtigste ist nunmehr: Die Abwanderung in diesen Größenordnungen muss gestoppt werden. Auch wenn das unter Umständen an dem einen oder anderen Ort in den Alt-Bundesländern dazu führen könnte, dass dort unter Umständen nur ein kleineres Arbeitskräfteangebot zur Verfügung steht. Und genauso wichtig ist, dass das *Wiederkommen*, die *Rückkehr* der Abgewanderten und darüber hinaus Zuwanderung qualifizierter Arbeitskräfte in die neuen Bundesländer organisiert werden.
Es ist daran zu erinnern: Schon zu DDR-Zeiten sind ja nicht nur Hunderttausende in Richtung Westen abgewandert. Es sind auch Tausende, die nach Westdeutschland ausgereist waren, wieder zurückgekommen. Darauf ist weiter oben schon verwiesen worden. Aus Enttäuschung, dass vorher lauthals verkündete Versprechen nicht gehalten worden sind. Weil sie von vielen als Konkurrenten auf dem westdeutschen Arbeitsmarkt gar nicht gern gesehen waren. Weil sie von den Medien und verschiedensten Dienststellen „bearbeitet" wurden, das Land, das sie verlassen hatten, zu diffamieren, DDR-Funktionsträger oder frühere Kollegen zu denunzieren, usw.. Aber die Zahl der Rückkehrer konnte zu keiner Zeit auch nur annähernd die Verluste ausgleichen, die über Jahrzehnte durch Republikflucht, Ausreise, Abschiebung und Ausbürgerung entstanden sind. Die deutsch-deutsche Migration lief über Jahrzehnte so ab, dass sie eben immer vor allem der Westseite Nutzen und Vorteile gebracht hat. Und für

die andere Seite, für Ostdeutschland Nachteile. Nachteile, die letztlich sogar zum Untergang des realsozialistischen Staates geführt haben.

Heute, also nach der Wiederherstellung der staatlichen Einheit Deutschlands, ist es leicht/er, *hin,* also *weg* und aber eben auch wieder *her,* d.h. *zurück* zu wandern. Die damals beherrschenden politischen Zwänge und ideologischen „Daumenschrauben" von hüben und drüben sind weggefallen. Es ist leichter sich aufzumachen, um im Westen sein Glück zu suchen, eine befriedigende Arbeit oder Ausbildung zu finden. Und zugleich ist es aber eben jetzt auch viel einfacher, *wieder zurück zu kommen.* Es sind also neue Möglichkeiten entstanden, dass sich die deutsch-deutsche Migration schrittweise auch für Ostdeutschland positiv auswirken kann. Aber, alles hängt davon ab, wie diese besseren Möglichkeiten für gezieltes Gestalten der deutsch-deutschen Migrationsprozesse mit positiven Effekten für *beide* Seiten auch tatsächlich zur Wirkung gebracht werden.

Politik, Staat und Verwaltung sind gefordert – so formuliert *H.-L. Dienel* – „zumindest einen Teil derjenigen zur Rückkehr zu bewegen, die einst weggezogen sind." „Die Bedeutung der gezielten Förderung von Zu- und Rückwanderung als politische Aufgabe nimmt zu."[110] Es geht darum, „das Wandern *gegen den Strom*", also die *Rück*wanderung, eben den *Gegen*strom zu organisieren.
Abgewandert auf der Suche nach Arbeit kommt so mancher auch heute im Westen nicht zurecht, ist mental einfach nicht angekommen. In Bayern oder Baden-Württemberg findet er nur schwer neue Freunde, ist enttäuscht über das letztlich Nicht-Gebraucht-Werden dort, hat Heimweh. So mancher sagt:
– „*Als ich weg war*, hatte ich das Gefühl, etwas Wichtiges zurück gelassen, verloren zu haben!"
– „*Als ich weg war*, ist mir erst richtig bewusst geworden, was *Heimat* ist!"
– „Ich habe mich einfach nicht richtig wohl gefühlt!" Oder:
– „Das Entscheidende waren *die Menschen*. Die sind einfach anders!" usw./usf..

In Westdeutschland ist es so manchem Ostdeutschen nicht anders ergangen als vielen Russlanddeutschen, die als Aussiedler in die Bundesrepublik gekommen sind und heute wieder zurück wollen in „ihre alte Heimat".

---

[110] H.-L. Dienel, Lösungsansätze aus dem Projekt Haltefaktoren in Ostdeutschland, Menschen für Ostdeutschland, Leipzig 2006, S. 4

Es gab in vielen Fällen sehr wohl persönlich verständliche Gründe/Motive aus Ostdeutschland wegzugehen. Wenn junge Menschen nach dem Schulabschluss weder Lehrstelle noch eine irgendwie zumutbare Arbeit finden, dann ist es ja regelrecht normal, dass sie – wenn sie strebsam sind und ihr weiteres Leben bewusst gestalten wollen – dorthin gehen, wo das aller Voraussicht nach möglich ist. Sie gehen in die alten Bundesländer, oder auch ins Ausland. Das war und ist oft keine leichte Entscheidung, aber notgedrungen die einzige Möglichkeit, sich nicht einfach selbst aufzugeben.

Es gab und gibt aber heute für viele auch gute Gründe zu überlegen, ob man nicht doch wieder zurückgeht. Ob man nach dem Abschluss der Ausbildung und dem Erwerb beruflicher Erfahrung, nach dem Abschluss des Studiums usw. nicht doch wieder in seine eigentliche Heimat, ins vertraute Umfeld, zu den alten Kumpels usw. zurückkehren sollte. Und es geht darum, dass eben nicht nur die/der eine oder andere, sondern dass seinerzeit Abgewanderte in nennenswert größerer Zahl zurückgehen und sich auf der Basis ihrer andernorts gesammelten Erfahrungen in Ostdeutschland eine stabile Arbeits- und Lebensperspektive aufbauen. Damit können sie einen ganz wichtigen Beitrag dazu leisten, dass es auch dort insgesamt wieder besser vorangehen kann. Und zugleich kann damit ein Beitrag geleistet werden sowohl zum Abbau des entstandenen kostenintensiven ökonomischen Gefälles zwischen West und Ost als auch zur dadurch bedingten Anspannung in der ökonomischen Lage in Gesamtdeutschland.

Im Rahmen des Projekts *Haltefaktoren in Ostdeutschland* werden verschiedene Rückkehrergruppen unterschieden: „Erfolgreich abgewanderte Rückkehrer – Familien-Rückkehrer – Studiums-/Ausbildungs-Rückkehrer - Beziehungs-Rückkehrer – Emotionale Heimat-Rückkehrer – Berufs-Rückkehrer – Rückkehrer der nächsten Generation".[111]

Rückkehrer haben also unterschiedliche Gründe und Motive für ihre Rückkehr-Entscheidung. Konzepte zur Organisation der Rückkehr nach Ostdeutschland müssen unbedingt an diesen unterschiedlichen Gründen und Motiven anknüpfen und darauf bezogen passfähige Angebote bereitstellen. Wichtig ist dabei vor allem, dass nicht etwa lediglich Abwanderer, die (auch) im Westen gescheitert sind, nach Ostdeutschland zurückkommen. Fakt war und ist doch, dass einige junge Leute abwandern, weil sie meinen, es im Westen irgendwie „leichter" zu haben. Aber: *gerade dort* hatten und haben die, die nicht bereit sind, sich ordentlich anzustrengen, auf

---

[111] a.a.O., S. 4

Dauer kaum eine Chance. Und so mancher von diesen weiß dann nichts besseres, als *auch dort* „wieder alles hinzuschmeißen", wieder „die Zelte abzubrechen". *Solche Leute* werden aber in Ostdeutschland nicht vorrangig zurück erwartet, da sie selten in der Lage sind, dort die Karre aus dem Dreck ziehen zu helfen.
Andere von denen, die (auch) im Westen mehr oder weniger gescheitert sind, schämen sich und trauen sich nicht zurück in ihre Heimat, wo ja die Dagebliebenen mit dem Finger auf sie zeigen würden....
Weiter muss ausdrücklich gesagt werden: Es geht um die Rückkehr nach Ostdeutschland *sowohl* von Menschen, die zu DDR-Zeiten weggegangen sind („Spät-Rückkehrer"), *als auch* derjenigen, die in allzu großer Zahl seit 1989/1990 ihre Heimat in Richtung Westen verlassen haben.

Nach eventuellen Rückkehrabsichten befragte Abgewanderte geben im einzelnen recht unterschiedliche Gründe und Motive an, weshalb sie im Westen bleiben bzw. auch, weshalb sie überlegen, unter Umständen nach Ostdeutschland zurückzugehen. Es zeigt sich: Vielfältige private Gründe, sog. „weiche Standortfaktoren" können Anlass und Auslöser für eine Rückwanderung sein: Heimat- und Familienbindungen, Freundschaften, Zusammengehörigkeitsgefühl, Freizeitinteressen usw..
Die Rückwanderungsmotive sind also „nicht nur arbeitsmarktabhängig". Auch die sog. „weichen Faktoren" müssen verstärkt „in die Zu- und Rückwanderungsförderung als Ergänzung zu Wirtschaftsförderung und Fachkräftevermittlung" integriert werden.[112]

Einerseits sind die Rückwanderungsgründe und -motive vielschichtig. Andererseits ist es aber ganz wichtig zu beachten, dass für vormals Abgewanderte – soweit sie im arbeitsfähigen Alter sind – zu der in der Heimat gesuchten Lebensqualität letztlich doch zu aller erst ein gesichertes Auskommen, eine befriedigende Arbeit mit gerechter Entlohnung, eine sinnvolle Beschäftigung gehören. Beispiele zeigen: Wer sich nach einigen Jahren im Westen aus Gram in der Fremde, aus Sehnsuchtsgefühlen nach der vertrauten Heimat o. ä. wieder auf den Weg zurück macht, der hofft bzw. erwartet, zu Hause auch Arbeit und Auskommen zu finden. Und das umso mehr, wenn er/sie – was natürlich am besten ist – mit Partner/in und Kind(ern) zurückkommt.

---

[112] a.a.O., S. 22

In allen ostdeutschen Bundesländern sind zwischenzeitlich Anstrengungen eingeleitet, aus der Region Abgewanderte über Möglichkeiten zur Rückkehr zu informieren. *Zu- und Rückwanderungsagenturen, „Come-back"-Aktionen u.a.* wenden sich ganz gezielt an Zuwanderungsinteressierte und mögliche Rückkehrer. Bei der Kontaktaufnahme zu in die Alt-Bundesrepublik Weggegangenen sind dabei Informationen gefragt nicht allein über zwischenzeitliche Veränderungen in der Heimatregion, über Freizeit-, Einkaufs- und Kultureinrichtungen, sondern vor allem auch über bestehende Arbeits- und Bildungsmöglichkeiten sowie zu Wohnungsfragen. Zum Beispiel haben aus Westdeutschland in die Stadt *Magdeburg* Zurückgekehrte auf die Frage, wovon ihre Entscheidung abhängt, in *M.* zu bleiben, am häufigsten geantwortet: „Jobchancen für mich in Magdeburg."[113]

Der Erfolg der Tätigkeit der Rückkehreragenturen in Ostdeutschland hängt ganz maßgeblich davon ab, dass Unternehmen und Kommunen im erforderlichen Umfang Arbeits- und Beschäftigungsmöglichkeiten schaffen und auch für Rückkehrer bereitstellen. Dabei geht es in der Regel um qualitativ relativ anspruchsvolle Arbeitsmöglichkeiten, weil es um die Rückkehr auf unterschiedlichem Niveau *qualifizierter* Interessenten geht.
Da in den zurückliegenden Jahren viele junge und fachlich Interessierte aus Ostdeutschland abgewandert sind, fehlen nunmehr einerseits in vielen Regionen der neuen Bundesländer ausreichend Qualifizierte und voll Einsatzfähige für geplante Investitionsvorhaben, z. B. vor allem Ingenieure. Andererseits sind die Arbeitslosenzahlen in Ostdeutschland nach wie vor erschreckend hoch. Wobei es ja unbestreitbare Tatsache ist, dass viele der Dagebliebenen weniger engagiert und ja eben auch geringer qualifiziert sind. Es ist bereits jetzt abzusehen, dass die Aufforderung zum Wiederkommen und die geförderte Rückkehr engagierter und besser qualifizierter Arbeitskräfte nach Ostdeutschland in Relation zu den dort nach wie vor in großer Zahl vorhandenen Arbeitslosen unter Umständen neue Konflikt potenziale eröffnen können. Mancherorts werden erfolgreiche West-Rückkehrer von Angehörigen der dort perspektivlos herumlungernden Jugend-Gruppierungen beargwöhnt und angefeindet. Staat und Öffentlichkeit sind gefordert, dem Aufbrechen von ernsthaften Konflikten zu Rückkehrern ganz gezielt gegenzusteuern.

---

[113] siehe: J. Schmithals, a.a.O., Motive für die Wanderung von West nach Ost und Rückkehrertypen, S. 14

Worum es in diesem Zusammenhang geht, wird zum Beispiel schlaglichtartig an der Antwort eines derjenigen deutlich, die nach der „Wende" nach Westdeutschland gegangen sind und jetzt per *Internet* befragt worden sind, ob sie möglicherweise überlegen zurückzugehen:
„Zurückkommen? Nein bloß nicht. Wozu? Warum? Was würde mich im Osten erwarten? Mehr Angst vor Alkohol, weniger Geld, weniger Urlaub bei mehr Arbeitsstunden, ... nie wieder weg, dazu hat uns der „Osten" zu sehr hängen lassen, nur rackern und nix verdient, und jetzt wird „gefleht", dass keine Fachkräfte da sind. ..." [114]

Letztlich kann weitere Abwanderung aus Ostdeutschland nur verhindert und können Zu- und Rückwanderung dorthin nur stimuliert werden auf dem Wege einer *allseitigen und effektiven Arbeits- und Wirtschaftsförderung* für die neuen Bundesländer. Schaffen und Bereitstellen geeigneter Arbeitsplätze – das ist die Kernaufgabe im Kampf gegen weitere Abwanderung und zugleich einer systematischen Förderung der Rückwanderung nach Ostdeutschland. Und nur damit im Zusammenhang kann die Funktionsfähigkeit der Gesellschaft in den Städten, Kommunen und Regionen Ostdeutschlands aufrecht erhalten bzw. wieder auf höherer Stufe hergestellt werden.
Speziell für junge Menschen wirken dabei nachweislich in erster Linie günstige Bildungsmöglichkeiten als Bevölkerungsmagneten, wie zum Beispiel familienfreundliche Hochschulen in Ostdeutschland.[115]
Die förderungspolitischen Instrumente des Aufbaus Ost auf der Grundlage des Solidarpakts II mit der verlängerten Laufzeit bis 2019 müssen effektiv sowohl für mehr Beschäftigung Langzeitarbeitsloser als auch von Rückwanderern nach Ostdeutschland genutzt werden. Der Beauftragte der Bundesregierung für die neuen Bundesländer geht davon aus, dass zum Beispiel auf der Grundlage der Studie „Beschäftigungspotenziale in ostdeutschen Dienstleistungsmärkten" bis zu 1 Million neue Jobs geschaffen werden können.
Auch solche Projekte, wie das Modellvorhaben „Demografischer Wandel – Zukunftsgestaltung der Daseinsvorsorge in ländlichen Regionen" können und müssen genutzt werden, in wichtigen Regionen die Lebensqualität vor Ort zu erhalten bzw. wieder zu verbessern. Womit Anreize sowohl zum

---

[114] holzwurm, www.kontakt-ostdeutschland.de
[115] siehe auch dazu im einzelnen die Ergebnisse im Rahmen des Projekts „Menschen für Ostdeutschland, Rückwanderung – dynamischer Faktor für ostdeutsche Städte", a.a.O.

Dableiben, als auch zur Rückkehr vormals Abgewanderter geschaffen werden können. Die engagierte Arbeit der Agenturen für Rück- und Zuwanderung in Mecklenburg-Vorpommern, Sachsen-Anhalt und in den anderen neuen Bundesländern, der Koordinierungsstelle „Perspektiven für junge Menschen – gemeinsam gegen Abwanderung" in der Stiftung Demokratische Jugend, des „Verbundes Rück- und Zuwanderung" und vielfältiger anderer regionaler und lokaler Initiativen zeitigt erste messbare Erfolge. Mancherorts können Rückkehrer ihre im Westen erworbenen Erfahrungen gepaart mit ihren regionalen Kenntnissen bereits nutzbringend zur Geltung bringen. Nutzbringend sowohl für Unternehmen in Ostdeutschland, für das jeweilige Gemeinwesen als auch für die jungen Menschen selbst.

11. EU-Osterweiterung und Migration

Migration, die Abwanderung von Ost nach West in Folge der Umbruchsprozesse nach 1989/1990 in Europa ist ein vielschichtiges Problem, hat verschiedene Dimensionen:
– Abwerbung und Abwanderung von Abiturienten, Auszubildenden, jungen Facharbeitern, Intellektuellen u. a. aus *Ost- nach Westdeutschland* – das ist der **eine** Problemkreis. Das ist die eine Dimension des langen „Weges" des ehemaligen Ostens nach dem Zusammenbruch des Realsozialismus „in den Westen". Hierzu ist in dieser Ausarbeitung in einigen Punkten Stellung bezogen worden.

– Eine noch viel umfassendere Dimension hat in diesem Kontext zusätzlich der **nächste** Problemkreis: Die massenhafte Abwanderung Zehntausender auf der Suche nach Arbeit und Auskommen *aus den osteuropäischen Ländern jenseits von Oder und Neiße in den Westen.*
Bereits seit Beginn der 1990er Jahre kommen legal und auch illegal in großer Zahl Arbeitsuchende aus Polen und anderen osteuropäischen Ländern in die Bundesrepublik, nach Belgien, Irland, in die Niederlande usw.. Es sei an dieser Stelle nur auf zwei beklemmende Beispiele verwiesen, die für die bisherige Situation charakteristisch sind:

– Nach Angaben des Bundeskriminalamtes arbeiten 140.000 Frauen aus Osteuropa als Prostituierte in Deutschland. „Die Hälfte bis zwei Drittel davon ... werden von Menschenhändlern getäuscht und mit falschen Versprechungen ins Land gelockt. Menschenhandel ist die Schattenwirtschaft des

erweiterten Europa, ein Geschäftszweig, der so alltäglich geworden ist, wie der Schmuggel."[116]
– Drei Viertel der 2,4. Mio. Putzfrauen, die in Deutschland in rund vier Mio. Haushalten tätig sind, sind Migrantinnen. Genauso, wie die immer größer werdende Zahl der ausländischen Beschäftigten in der Altenpflege. Sie arbeiten fast alle "schwarz" und leben somit gleichfalls in sozialer und rechtlicher Unsicherheit. ...

Die geschichtlichen Erfahrungen mit Bleiben oder Gehen, von Weggehen und Dableiben, von Weggegangenen und Dagebliebenen, von Flüchtlingen und Übersiedlern von Ost- nach Westdeutschland wie auch mit Rückkehrern in den zurückliegenden Jahrzehnten bergen vielfältige Lehren, die im Zeitalter der Globalisierung beim weiteren Weg in ein einiges Europa beachtet werden müssen.
Das westliche Europa hat sich durch die EU-Osterweiterung ab 2004 weitere Absatzmärkte und weitere hohe Profite aus der Beschäftigung billiger Arbeitskräfte im Osten erhofft. Zugleich warnen Experten in diesem Zusammenhang vor weiter eskalierender Massenerwerbslosigkeit in den osteuropäischen Beitrittsländern. Eine Angstwelle erfasst deshalb die Bevölkerung in vielen Ländern West- und Mitteleuropas: Angst nicht nur vor einem bevorstehenden „Marsch der Afrikaner nach Europa". Sondern eben zusätzlich auch Angst vor einer erneuten regelrechten Völkerwanderung aus den neuen osteuropäischen Mitgliedländern der EU nach Westen. Das bezieht sich insbesondere auf befürchtete unkontrollierte Zuwanderung nach dem geplanten Wegfall der Grenzkontrollen. Und es gibt bereits viele Anzeichen dafür, dass mit den Grenzöffnungen von und nach Osteuropa viele Menschen zusätzlich von dort auf der Suche nach einem besseren Leben versuchen illegal einzuwandern.

Die eine Gruppe der Prognosen geht davon aus, dass sich von dort, aus Osteuropa, in den nächsten Jahren 3 bis 5 Millionen Auswanderungswillige auf der Suche nach besser bezahlter Arbeit westwärts begeben wollen. Das Münchener *Ifo-Institut* prognostizierte 2001, dass allein Deutschland „bis zu fünf Millionen in 15 Jahren" werde aufnehmen müssen. Die EU-Kommission erwartet bis 2030 2,5 Millionen Zuwanderer aus diesen Ländern nach Deutschland.
Andere konstatieren dagegen, dass solche Prognosen übertrieben seien. Z. B. rechnet das *Deutsche Institut für Wirtschaftsforschung (DIW)* im

---

[116] DER TAGESSPIEGEL, vom 18. 4. 2004, S. 3

ersten Jahr nach der Gewährung voller Freizügigkeit nur mit der – relativ geringen – Zahl von 160.000 Zuwanderern nach Deutschland. Um diesen Ungewissheiten zu begegnen haben die EU-Länder bekanntlich erhebliche Übergangsfristen zur Gewährung der Freizügigkeit für Arbeitnehmer aus den neuen Beitrittsländern festgesetzt. Erst spätestens nach 7 Jahren sollen die letzten Beschränkungen diesbezüglich fallen. Und diese Festlegungen stehen im Kontext mit dem Hin und Her bei den nationalen und europäischen gesetzlichen Regelungen zur Migration von Ausländern generell sowie zu den Bleiberechten.

Trotz aller bestehenden Ungewissheiten ist schon heute klar:
Nach dem Zusammenbruch des Realsozialismus ergeben sich mit dem Beitritt der Länder Osteuropas zur Europäischen Union für Mittel- und Westeuropa und dabei eben wiederum vor allem auch für West- und Ostdeutschland erhebliche neue bevölkerungspolitische Konsequenzen. Zusätzlich zu Nachwuchs und Fachkräften aus Ostdeutschland drängen viele Arbeitskräfte und auch Unternehmen aus den neuen Mitgliedsländern nach Westen in die reichen Altbundesländer und in andere Länder Westeuropas. Und auch hier gehen ja eben wiederum meist die Qualifizierten, die Jungen und Engagierten in den Westen. Dort, wo keine Verwaltungssperren die Zuwanderung von Arbeitskräften behindern, sind bereits Hunderttausende eingereist. So sind zum Beispiel in den letzten sechs Jahren bereits ca. 2 Millionen Polen wegen fehlender Beschäftigungsmöglichkeiten im eigenen Land auf die britischen Inseln, insbesondere nach Irland gekommen.

Zum anderen ist bereits abzusehen, dass sich zum Beispiel für das ostdeutsche Handwerk und die Dienstleistungsbetriebe ganzer Regionen weitreichende Auswirkungen ergeben, wenn nach dem Beitritt weiterer osteuropäischer Länder und dem Wegfall der vorübergehenden Beschränkungen massenhaft selbständige Billiganbieter vor allem auf den ostdeutschen Markt drängen. Und es ist gegenwärtig nicht klar, ob und inwieweit diese Prozesse mit Hilfe administrativer Beschränkungen der EU-Länder beherrschbar gemacht werden können.
Erforderlich sind länderübergreifende strategische ökonomische und sozialen Maßnahmen, damit die Abwanderungs- und Entvölkerungsprozesse, die heute in Ostdeutschland ablaufen, nicht auch in noch viel größerem Umfang weite Teile Osteuropas erfassen. Die Anzeichen für eine solche Entwicklung sind unübersehbar, wenn man z. B. das rasant wachsende Wirtschaftsgefälle von West nach Ost in diesen Ländern und sich daraus ableitenden Folgen in Rechnung stellt.

Die Migration Hundertausender billiger Arbeitskräfte aus Osteuropa nach Westen wird das Ausmaß der nach wie vor immer noch bedrohlich hohen Sockelarbeitslosigkeit, insbesondere in Ostdeutschland, weiter verschärfen. Sie – die Migration in solchen Ausmaßen – kann nur begrenzt werden, wenn in den nächsten Jahren eine *durchgreifende Verbesserung der gesamten Lebensverhältnisse in den neuen Beitrittsländern* erreicht wird. Wenn also die Voraussetzungen dafür *vor Ort* geschaffen werden, dass das Leben *dort,* also in den sog. „Abgabeländern", lebenswerter wird. Diesbezüglich gilt also hier letztlich dasselbe, wie für die Bevölkerung der Entwicklungsländer Asiens und Afrikas.

Es ist bezeichnend, dass sich angesichts zunehmend fehlender Fachkräfte für Betriebe in Ostdeutschland bereits die Stimmen mehren, die schnellere Aufhebung der Beschränkungen für Zuwanderung qualifizierter Arbeitskräfte aus Osteuropa nach Deutschland fordern.

Dazu kommt, dass nunmehr auch die neuen EU-Beitrittsländer Polen, Tschechien und Ungarn selbst zu Einwanderungsländern geworden sind. Aus der Ukraine, aus Weißrussland, aber auch aus Asien und Afrika wandern Arbeitssuchende in immer größerer Zahl auch in die osteuropäischen EU-Beitrittsländer. Dadurch werden weitere neue Dimensionen untereinander abgestufter Migrationsprozesse von Ost nach West eröffnet. Bisher haben ersichtlich weder die zuständigen EU-Gremien noch die Regierungen der betroffenen Länder bzw. auch die Vertreter der dort aktuell um die Wählergunst werbenden Parteien zukunftsorientierte tragfähige Konzepte, wie diese marginalen Prozesse in Folge der Globalisierung und der Ausdehnung des Machtbereichs der internationalen Monopole und der westlichen Staaten unter Hegemonie der USA in Ostmitteleuropa tatsächlich in effektive Bahnen gelenkt werden könnten.

Die wachsende Verunsicherung immer breiterer Kreise der Bevölkerung angesichts der Konzeptionslosigkeit der an der Macht befindlichen Parteien und Gruppierungen äußert sich zunehmend einerseits in Ablehnung, politischem Dessintresse und andererseits in Protest. Dabei ist – wie bereits angedeutet – klar, dass spontane Protestäußerungen und das Skandieren aktuell brisanter Schlagworte nicht weiter helfen. Um aus dem entstandenen Dilemma heraus zu kommen sind Konzepte erforderlich, die es ermöglichen, tatsächlich schrittweise die infolge der weltweiten Globalisierung und der Erfolge der roll-back-Strategien angestauten ökonomischen, sozialen und politischen Konfliktpotenziale abzubauen.

In Anbetracht der gegebenen historischen Fakten des erfolgten Zusammenbruchs des Realsozialismus setzt das Abstecken realisierbarer Schritte voraus, die nunmehr national und international tatsächlich gegebenen Kräfteverhältnisse illusionslos in Rechnung zu stellen. Von den gegebenen Tatsachen ausgehende alternative Konzepte dürfen dabei vor allem die abgelaufenen und weiter ablaufenden vielschichtigen länderübergreifenden Migrationsprozesse nicht lediglich als „Erscheinung am Rande" behandeln. Sie müssen vielmehr diese marginalen Migrationsprozesse und vor allem deren Ursachen und die damit zwangsläufig verbundenen möglichen Gefahren an vorderster Stelle berücksichtigen. Vorliegende Dokumente und Materialien mit Denkansätzen zu Alternativen zu den gegebenen Konstellationen enthalten erstaunlicherweise diesbezüglich, also zu den in der Vergangenheit abgelaufenen, zu den gegenwärtig ablaufenden und künftig zu erwartenden Migrationsprozessen von Ost nach West wenig tatsächlich Aufschlussreiches und Weiterhelfendes.

Insoweit die zu diesem Problemkreis anstehenden Fragen in absehbaren Zeiträumen nicht oder nur unzureichend Rechnung getragen wird, wächst die Gefahr, dass rechtsnationale und neonazistische Parolen in Bezug auf Ausländer, Einwanderung und Migration in breiten Bevölkerungskreisen immer mehr Gehör finden.

Fazit

Erstens: „Dableiben – Weggehen – Wiederkommen" – das sind im historischen Kontext betrachtet keine irgendwie vielleicht auch wichtigen Randfragen. Dabei handelt es sich auch nicht lediglich um irgendwelche zweitrangigen Fragen individueller Befindlichkeiten oder subjektiver Wünsche einzelner Menschen oder Menschengruppen. Es geht nicht nur um irgendwelche vagen „Heimat-Emotionen" oder Gefühls- und Mentalitätsduseleien. Letztlich geht es bei Dableiben oder Weggehen und Wiederkommen in der Gegenwart immer um existenzielle ökonomisch-soziale Probleme der benachteiligten Bevölkerung ganzer Staaten bzw. Länder einerseits und andererseits um das Streben des Turbo-Kapitalismus nach noch effektiverer Durchsetzung seiner globalen egoistischen Profit- und Machtinteressen.

Die historischen Abläufe lehren: Migration und Integration dürfen nicht als spontane Prozesse mit überwiegend negativen Wirkungen für die Beteiligten, das heißt vor allem für *die eine Seite* der Beteiligten, für die „Abgaberegionen" ablaufen!

Unter den Bedingungen der Globalisierung hat das international organisierte Monopolkapital unter Hegemonie der USA alle erdenklichen Instrumente eingesetzt um zu erreichen, dass die über Jahrzehnte die Weltpolitik mitbestimmenden realsozialistischen Systemstrukturen zerbrochen sind. Dass die „Systemfrage" erst einmal zugunsten der „westlichen Welt" entschieden worden ist – mit allen daraus folgenden negativen Konsequenzen für große Teile der Bevölkerung vieler Länder. Und auch nach dem Zusammenbruch des Realsozialismus setzt es, das international organisierte Monopolkapital, alle ihm zur Verfügung stehenden ökonomischen, technologischen, politischen und auch militärischen Mittel der Druckausübung ein, um andere Staaten und Völker in ihrer Botmäßigkeit zu halten bzw. zusätzlich als Rohstoff- bzw. Absatzmarkt und als Einflusssphäre zu gewinnen. Unter dem Deckmantel der fortwährenden lauthalsen Propagierung der *Werte der freien westlichen Welt* nutzt es gnadenlos die Ressourcen der Entwicklungs- und anderer Länder aus und unterdrückt die Bestrebungen zu deren eigenständiger Entwicklung. Viele der international organisierten Kampagnen zur Hilfe für die Völker der Dritten Welt kommen nicht immer in erster Linie den Massen der armen Bevölkerung dieser Regionen zugute. Sondern sie stärken vielmehr oft korrupte Regime, die den internationalen Konzernen zu Diensten sind.

Im historischen Kontext betrachtet waren und sind **Ursache** und **Anlass** für Massenabwanderungen in erster Linie immer das ökonomisch-technologische Zurückbleiben, die Ineffektivität der Wirtschaft, daraus folgend ein niedriges Lebensniveau, die Benachteiligung und das Sich-benachteiligt-Fühlen der Bevölkerung eines Landes bzw. der jeweiligen Regionen, Länder und Völker.

Auslöser für Massenabwanderungen der Bevölkerung und Zuwanderungsdruck andernorts waren und sind meist Zuspitzungen in der Versorgungslage und Verärgerung über ein Übermaß an politisch-administrativer Bevormundung, Gängelung und Maßregelung der Oppositionellen, mit dem die Behörden in den benachteiligten Ländern und Regionen auf den massiven Druck von innen und außen reagieren. Mit dem sie die Bevölkerung des eigenen Landes in Schach halten wollen.
Die *inneren* Umstände wirken dabei immer vielfältig mit der *Einflussnahme von außen* zusammen. Insbesondere mit der gezielten Unterwanderung und Anstiftung zu politisch gegnerischer Betätigung, zum Umsturz der bestehenden nationalen Ordnung und dabei eben in der Regel auch zur

Abwanderung in der eigenen Einflusssphäre gefragter Arbeitskräfte, vor allem der geistigen Eliten, durch Abwerbung.

Zweitens: *Ab*wanderung auf der einen und *Zu*wanderung auf der anderen Seite stehen meist unmittelbar – auch zeitlich – in Zusammenhang mit grundlegenden gesellschaftlichen Umbruchsprozessen. Abwanderung prozentual beachtlicher Teile der Bevölkerung eines Landes kann – wie ja auch am Schicksal des Staates DDR anschaulich wird – tiefgreifende *ökonomisch-politische Umbrüche* im Land und auf ganzen Kontinenten *in Gang setzen*. Bei den Massenabwanderungen von Ost nach West, bei der „Wende", dem Umbruch und Untergang eines bis dahin bestehenden selbständigen Staates sowie dem Ende des Realsozialismus auf europäischem Boden handelt es sich um wechselseitig vielschichtig miteinander verbundene und ineinander greifende gesellschaftliche Prozesse. Und immer wird dazu ganz gezielt von außen auf größere Gruppen der Bevölkerung bestimmter Regionen bzw. Länder eingewirkt.

Tiefgreifende gesellschaftliche Umbrüche wie der Untergang des Realsozialismus können wiederum *Wanderungsprozesse* erheblichen Ausmaßes über Ländergrenzen hinweg *auslösen*. Dadurch können auch erneut erhebliche, die bestehenden Ländergrenzen überschreitende Konfliktpotenziale angehäuft werden.

Drittens: Mit Bezug auf die abgelaufenen und heute wiederum ablaufenden Bevölkerungswanderungen in Europa offenbaren sich in den historischen Abläufen 1933/1939 bis 1945ff. und dann nach 1989/1990 wesentliche **Parallelen**:

– Vor und im völkermordenden faschistischen Krieg 1939 bis 1945 sind – angetreten unter den Losungen von *„Volk ohne Raum"* bis *„Heim ins Reich"* – Millionen einfacher Menschen gezwungen worden, ihre Heimat zu verlassen. Sie mussten sich auf den Trümmern des Krieges andernorts aus dem Nichts heraus ein neues Leben aufbauen.

– In den Jahren und Jahrzehnten nach dem Zweiten Weltkrieg hat dann die Republikflucht weiterer Millionen Ostdeutscher in den Westen unter den Losungen von *„Reisefreiheit", „freien Wahlen"* und dann später *„Wir sind e i n Volk"* Schritt für Schritt den Boden bereitet für den schließlichen Kollaps und Untergang des Staates DDR, deren Hals-über-Kopf-

Beitritt zur westdeutschen Bundesrepublik und den Zusammenbruch des Realsozialismus in Europa.

Viertens: Die Geschichte lehrt aufmerksam zu beobachten, *wer, wann* mit *welchen Propagandalosungen* größere Bevölkerungsgruppen einzelner Länder oder Staaten für die Realisierung bestimmter Interessen und Ziele gewinnen will.
Es ist ganz bestimmt etwas Wahres dran an dem Satz von *Bertolt Brecht*: „Es ist verdächtig, wenn wo viel von *Freiheit* die Rede ist..."[117]
Es ist immer Vorsicht geboten, wenn Politiker, Interessengruppierungen, Parteien, Regierungen oder Staaten einzelne im Volk populäre Losungen dafür einsetzen wollen, das Fühlen, Denken und Handeln größerer Menschengruppen auf Ziele auszurichten, deren Durchsetzung vorwiegend eigennützigen Zwecken dienen soll.
Regierende und andere Akteure der politischen Klasse sowie auch außerhalb der Machtstrukturen Agierende versuchen heutzutage, mit der Verwendung aktueller Schlagworten, wie *„Freiheit", „Gerechtigkeit", „Demokratie", „Volk", „Befreiung von Fremdherrschaft"* usw. Wählerstimmen zu ergattern. Daraus kann die Gefahr erwachsen, dass die bedeutsamsten historisch gewachsenen Kultur- und Wertbegriffe zu allen und jedem dienenden leeren Worthülsen, zu Leerformeln verkommen. Bzw. sogar auch benutzt werden, extremistische Gewalt- und Militäraktionen, ja Kriegsführung zu rechtfertigen.

Fünftens: Ab- und Zuwanderungsprozesse größerer Bevölkerungsgruppen einzelner oder mehrerer Länder stehen letztlich immer mit gravierendem ökonomisch-sozialem Zurückbleiben einzelner Länder auf der einen und der Realisierung ökonomischer Ziele herrschender Interessengruppen bzw. Staaten, die ihren Einfluss- und Machtbereich ausdehnen wollen, auf der anderen Seite im Zusammenhang. Deshalb geht es in der Folge immer um die Frage: *Was leisten die Profiteure tiefgreifender länderüberspannender politischer Umbrüche und Veränderungsprozesse tatsächlich zum Abbau historisch gewachsener wirtschaftlicher und technologischer Disproportionen zwischen den betroffenen Staaten und Völkern?*

Diejenigen Staaten sowie Staaten- und Monopolgruppierungen, deren Macht- und Einflusssphären sich infolge historischer Umbrüche ausweiten, müssen Substanzielles zum realen Ausgleich der wesentlich auch durch

---

[117] Flüchtlingsgespräche, geschrieben 1940/1941, veröffentlicht 1961/1962

gezielt betriebene divergierende politische Entwicklungen verursachten wirtschaftlichen und sozialen Ungleichgewichte und Benachteiligungen der jeweils betroffenen Bevölkerungen leisten.

Im Zeitalter der Globalisierung können und dürfen die erheblichen Profite, die aus dem Zuwachs und der Zuwanderung von Arbeitspotenzial aus bisher wirtschaftlich benachteiligten und zurückbleibenden Regionen oder Ländern erwachsen, nicht länger allein dem Profit-, Produktivitäts- und Lebensniveau der Zuwanderungsländer zugute kommen. Sie, diese Profite aus den Massenzuwanderungen, **müssen akkurat proportional zu den Zuwanderungsgewinnen in die Abwanderungsregionen und –Länder zurückgeführt werden.**
In Ostdeutschland sowie auch in den osteuropäischen EU-Beitrittsländern müssen also Investitionen, das Aufrechterhalten und das Einrichten neuer Arbeitsplätze sowie die Anhebung des Lebens- und Kulturniveaus der Bevölkerung *vor Ort* aus den immensen Profiten finanziert werden, die die Multikonzerne und Staaten Westeuropas durch die Einbeziehung der genannten Länder und Gebiete in ihre Märkte und ihren Einflussbereich vereinnahmen können. Dabei geht es um Größenordnungen weit über bisher geleistete „Transfer-Leistungen" zum „Aufbau Ost" hinaus.

Allein auf diesem Weg kann erreicht werden, dass ablaufende Migrationsprozesse künftig *allen beteiligten Seiten* Nutzen bringen. Also zugute kommen sowohl den Aufnahme- bzw. Zuwanderungs-, als auch den *Ausreise-* bzw. *Abgabe*ländern. Nur so kann erreicht werden, dass die Bevölkerung in den bisher zurückgebliebenen bzw. benachteiligten Regionen ihrer Heimat treu bleibt. Nur auf dem Wege des Abbaus historisch gewachsener ökonomischer, technologischer, sozialer und kultureller Benachteiligungen können Bestrebungen zur Abwanderung in entwickeltere Regionen und Länder verhindert werden. Nur auf diesem Wege können die *Chancen*, die sich im Zeitalter der Globalisierung aus den sich weiter intensivierenden Migrationsprozessen ergeben, *für alle Völker* tatsächlich wirksam werden. Nur auf diesem Wege können sich aus den zunehmenden Wanderungsprozessen Impulse für den Ausbau der weltweiten Friedensprozesse und für Alternativen und neue Ansätze zum historischem Fortschritt ergeben.

Nur so kann auf Dauer ausgeschlossen werden, dass ökonomisch-sozial bedingte Abwanderung größerer Teile der Bevölkerung einzelner Länder erneut staatenübergreifende gesellschaftliche Umbruchssituationen provo-

ziert, die sich zu internationalen Krisen und gefährlichen Konfliktherden ausweiten können.
Das gilt zu aller erst für die sich zuspitzenden weltweiten Nord-Süd-Gegensätze und -Wanderungsbestrebungen. Das gilt aber genauso auch für die seit Jahren und Jahrzehnten anhaltende, letztlich unmittelbar bzw. mittelbar von Monopol-Kapitalinteressen gelenkte Bevölkerungs- und Arbeitswanderung von Ost- nach Westdeutschland sowie von Ost- nach Westeuropa.

Mit der *Förderung der Rückkehr* vormals nach Westen Abgewanderter und von *Zuwanderung* nach Ostdeutschland und genauso auch nach Osteuropa können auch dort die mit der Migration gegebenen *Chancen* und *positiven Möglichkeiten* für wirtschaftliche Konsolidierung und weiteres Voranschreiten zur Wirkung gebracht werden. Damit kann und muss über einen längeren Zeitraum schrittweise ein Ausgleich für die über Jahrzehnte durch die Abwanderung nach Westen eingetretenen Verluste und Nachteile geschaffen werden.

So bleibt zu hoffen und zu wünschen, dass der in vielen Dörfern und Städten Ostdeutschlands immer deutlicher zu hörende Ruf *„Kommt doch wieder!"* an den *ost*deutschen Stammtischen in München, Frankfurt am Main, Hannover und andernorts immer größere Resonanz findet. Dass dieser Ruf gehört und von immer mehr Zurückkommenden in die Tat umgesetzt wird.
Dann ist hoffentlich die Zeit nicht mehr weit, dass es immer öfter landauf und landab hundert-, ja tausendfach heißt:
„Ich bin wieder hier!"

Literatur (ausgewählte Veröffentlichungen zum Thema)

Auswärtiges Amt, Zwölftes Forum Globale Fragen, Berlin 2005;

Bade, Klaus J., Neue Heimat im Westen: Vertriebene, Flüchtlinge, Aussiedler, Münster 1990;

ders., Homo Migrans – Wanderungen aus und nach Deutschland, Essen 1994;

ders., Europa in Bewegung, München 2000;

ders., Emmer, Pieter C., Lucassen, Leo, Oltmer, Jochen (Hg.), Enzyklopädie Migration in Europa, Paderborn 2007;

Baum, Karl-Heinz, Die Integration von Flüchtlingen und Übersiedlern in die Bundesrepublik Deutschland, in: Enquete-Kommission „Überwindung der Folgen der SED-Diktatur im Prozeß der deutschen Einheit", Bd. VIII.1., Frankfurt am Main 1999, S. 511ff.;

Bergmann, Rolf, Damals im Roten Kakadu, Reihe Rhein-Neckar-Brücke 2005;

Berth, Hendrik, Förster, Peter, Brähler, Elmar, Stöbel-Richter, Yve, Einheitslust und Einheitsfrust, Gießen 2007;

Bischoff, Joachim/ Steinitz, Klaus (Hrsg.), Linke Wirtschaftspolitik, Hamburg 2003;

Blessing, Klaus, Damm, Eckart, Werner, Matthias, Die Schulden des Westens, 2. Auflage, Zeuthen 2005;

Brähler, Elmar siehe: Berth, Hendrik;

Bundesinstitut für Bevölkerungsforschung, Bevölkerung, Fakten – Trends – Ursachen – Erwartungen. Die wichtigsten Fragen, Sonderheft der Schriftenreihe des BiB, 2. Aufl., Wiesbaden 2004;

Damm, Eckart siehe: Blessing, Klaus;

Deutsches Historisches Museum, Flucht, Vertreibung, Integration, Begleitmaterial zur Ausstellung, Berlin 2006;

Dienel, Hans-Liudger u.a., Bevölkerungsmagneten für Ostdeutschland, Materialien der Abschlusstagung, Leipzig 2006;

Eichner, Klaus, Langrock, Ernst, Der Drahtzieher Vernon Walters, Berlin 2005;

Effner, Bettina, Heidemeyer, Helge (Hg.), Flucht im geteilten Deutschland, Berlin-Brandenburg 2005;

Emmer, Pieter C. siehe: Bade, Klaus J.;

Finkelstein, Kerstin E., Wie Deutsche in aller Welt leben, Berlin 2005;

Förster, Peter siehe: Berth, Hendrik;

Forberger, Siegfried, Erinnerungen an den Sozialismus-Versuch im 20. Jahrhundert, Berlin 2000, maschinenschriftlich;

Gersch, Wolfgang, Szenen eines Landes, Berlin 2006;

Golle, Hermann, Das Know-How, das aus dem Osten kam, Stuttgart 2002;

Haug, Wolfgang, Fritz, Zur Dialektik des Antikapitalismus, in: DAS ARGUMENT 269, S. 11ff.;

Heidemeyer, Helge siehe: Effner, Bettina;

Hinz, Hans-Martin (Hg.), Zuwanderungen – Auswanderungen, Integration und Desintegration nach 1945, Berlin 1999;

Hörz, Herbert, Lebenswenden, Berlin 2005;

Jäger, Andrea, Schriftsteller aus der DDR. Ausbürgerung und Übersiedlung von 1961 bis 1989, Frankfurt a. M., 1995;

Klingholz, Reiner siehe: Kröhnert, Steffen;

Korte, Hermann siehe: Münz, Rainer;

Kröhnert, Steffen, Medicus, Franziska, Klingholz, Reiner, Die demografische Lage der Nation, München 2006;

Langrock, Ernst siehe: Eichner Klaus;

Lehmann, Andreas, GO WEST, Ostdeutsche in Amerika, Berlin 1998;

Lucassen, Leo siehe: Bade, Klaus J.;

Maurer, Ulrich, Modrow, Hans (Hg.), Überholt wird links, Berlin 2005;

dies., Links oder lahm? Berlin 2006;

Medicus, Franziska siehe: Kröhnert, Steffen;

Modrow, Hans, Ich wollte ein neues Deutschland, München 1999;

ders. siehe: Maurer, Ulrich;

Müller, Uwe, Supergau Deutsche Einheit, 3. Aufl., Berlin 2005;

Münz, Rainer, Korte, Hermann, Wagner, Gert (Hg.), Internationale Wanderungen. Demographie aktuell 5, Berlin 1999;

Münz, Rainer, Seifert, Wolfgang, Ulrich, Ralf, Zuwanderung nach Deutschland, 2. Aufl., Frankfurt/New York 1999;

Mittenzwei, Werner, Die Intellektuellen, Leipzig 2001;

Nick, Harry, Gemeinwesen DDR, Hamburg 2003;

Nolte, Hans-Heinrich (Hg.), Deutsche Migrationen, Münster 1996;

Oltmer, Jochen siehe: Bade, Klaus J.;

Prokop, Siegfried, Der 17. Juni 1953, Geschichtsmythen und historischer Prozess, Berlin 2003;

Rehlinger, Ludwig A., Freikauf. Die Geschäfte der DDR mit politisch Verfolgten 1963 – 1989, Berlin/Frankfurt a. M. 1991;

Ritter, Gerhard A., Der Preis der deutschen Einheit, München 2006;

Roesler, Jörg, „Rübermachen", Berlin 2004;

Schmelz, Andrea, Migration und Politik im geteilten Deutschland während des Kalten Krieges. Die West-Ost-Migration in die DDR in den 1950er und 1960er Jahren, Opladen 2002;

Schröder, Klaus, Die veränderte Republik, München 2006;

Seghers, Anna, Die Entscheidung, Berlin 1959;

dies., Das Vertrauen, Berlin und Weimar 1968;

Seifert, Wolfgang siehe: Münz, Rainer;

Steinitz, Klaus, Das Scheitern des Realsozialismus, Hamburg 2007;

Steinitz, Klaus siehe: Bischoff, Joachim;

Stöbel-Richter, Yve siehe: Berth, Hendrik;

Süssmuth, Rita, Migration und Integration: Testfall für unsere Gesellschaft, München 2007;

Ulrich, Ralf siehe: Münz, Rainer;

Wagner, Gert siehe: Münz, Rainer;

Wenzel, Siegfried, Was war die DDR wert? Berlin 2000;

ders., Was kostet die Wiedervereinigung? Berlin 2003;

Werner, Matthias siehe: Blessing, Klaus;

Wolf, Christa, Der geteilte Himmel, Halle (Saale) 1963;

dies., Kindheitsmuster, Berlin und Weimar 1976;

dies., Ein Tag im Jahr 1960 – 2000, München 2003.